DIREITO TRIBUTÁRIO

REFLEXÕES SOBRE FILOSOFIA E CIÊNCIA EM PREFÁCIOS

CIP-BRASIL. CATALOGAÇÃO NA PUBLICAÇÃO
SINDICATO NACIONAL DOS EDITORES DE LIVROS, RJ

C327d

Carvalho, Paulo de Barros
Direito tributário : reflexões sobre filosofia e ciência em prefácios / Paulo de Barros Carvalho. - 1. ed. - São Paulo : Noeses, 2019.

230 p.
ISBN 978-85-8310-123-9

1. Direito tributário. 2. Direito tributário - Filosofia. I. Título.

19-56523 CDU: 34:351.713

Vanessa Mafra Xavier Salgado - Bibliotecária - CRB-7/6644

Paulo de Barros Carvalho

Professor Emérito e Titular da Pontifícia Universidade Católica de São Paulo. Professor Emérito e Titular da Universidade de São Paulo. Membro Titular da Cadeira nº 14 da Academia Brasileira de Filosofia. Presidente do IBET Instituto Brasileiro de Estudos Tributários. Fundador da Editora Noeses.

DIREITO TRIBUTÁRIO

REFLEXÕES SOBRE FILOSOFIA E CIÊNCIA EM PREFÁCIOS

2019

editora e livraria
NOESES

Fundador e Editor-chefe: Paulo de Barros Carvalho
Gerente de Produção Editorial: Rosangela Santos
Arte e Diagramação: Renato Castro
Revisão: Georgia Evelyn Franco
Designer de Capa: Aliá3 - Marcos Duarte

Foto da Capa:
Quadro Pastoril do Leonardo hommage (2016)
Óleo sobre tela e laços coloridos 130x125 cm
Pintora Lúcia Suanê
Acervo de Paulo e Sonia de Barros Carvalho

2019

editora e livraria
NOESES

Editora Noeses Ltda.
Tel/fax: 55 11 3666 6055
www.editoranoeses.com.br

Dedico este livro a Robson Maia Lins, Membro importante do Conselho Nacional de Educação Superior, professor de direito e escritor, que acompanhei seu desenvolvimento nos estudos e na pesquisa para vê-lo tornar-se, com o passar do tempo, um dos grandes e expressivos advogados da comunidade jurídica brasileira.

À memória, sempre presente, dos meus pais, Dr. Leonardo de Barros Carvalho e Dulce R.C. de Barros Carvalho, bem como de minha irmã, Mirene de Barros Carvalho.

N.S.C

PREFÁCIO DOS PREFÁCIOS (METAPREFÁCIOS)

Confesso que este livro me deu um trabalho imenso, tornando-se constante desafio ao longo de todo o percurso de sua elaboração, seja por ocupar-se da região do conhecimento científico, projetado sobre o campo jurídico dos tributos, seja pelo tormento natural que as questões filosóficas provocam, oscilando, invariavelmente, entre a angústia da metafísica e o apelo eufórico dos sentidos. Para que, contudo, empenhar-me tanto em redigi-lo, enfrentando tais dificuldades? Acontece que me propus organizar as centenas de prefácios que produzi nos últimos anos e me deparei com repetidas mensagens acerca de Filosofia, Ciência do Direito e Direito Tributário, introduzidas, propositadamente, no corpo dos respectivos textos. Explicitar, porém, é preciso: percebi que, além de referir-me à correspondente obra do autor, seus desdobramentos, a distribuição da matéria segundo critérios por ele escolhidos, sua oportunidade como algo que pudesse convocar a atenção da comunidade jurídica, dentre outras anotações de interesse para um subsistema permanentemente em ebulição, tive o cuidado de reservar, em cada um deles, o espaço adequado onde coubessem meus últimos pensamentos e reflexões a propósito do assunto tratado na obra, ou mesmo sobre as ideias que, ali contidas, tivessem o condão de sugerir.

Para ser sincero com o leitor que me lê, houve momento em que experimentei, nitidamente, a sensação de envolvimento que suscita impulsos emocionais em algumas pessoas acostumadas a ter esta espécie de inquietação. Lembrei-me de que a presente escritura, tal como o texto musical de Weber (Carl Marie von Weber), poderia não chegar a ser uma valsa, mas, por certo, representaria um convite à valsa e que este livro, da mesma maneira, significaria um chamado a reflexões sobre os temas versados na associação de conteúdos insertos naqueles prefácios.

A costura do suporte expressional, porém, foi muito penosa. Não me refiro à coesão, no sentido de aglutinação, de concentração, pois essa apareceu quase de modo intuitivo. Quero mencionar a consistência, tomada aqui como grau de sustentação que o conjunto requer. Esta, porém, surgiu como algo complexo, pois é preciso encontrar e registrar os marcadores de conectividade, as cadeias de referência e as progressões temáticas que seriam as responsáveis por propiciar a uniformidade e a estabilidade indicadoras da coerência textual. Por isso mesmo, peço ao leitor que, ao encontrar-se diante da insistente reiteração de ideias, palavras, expressões e fragmentos de texto, além de exercitar sua paciência, faça a gentileza de lembrar-se da enorme importância da "repetição", instrumento pedagógico tão antigo, consultando, se for o caso, o clássico "A Repetição", de Soren Kierkegaard, ensaio de psicologia experimental, editado sob o pseudônimo de Constantin Constantius.

É bom manter presente a lembrança de que o ato cognoscente é aquele depurado (metodicamente) dos elementos decisório e axiológico. É o ato de um sujeito purificado (sujeito transcendental), que põe entre parênteses muitos ingredientes de sua posição existencial (valores, ideologias etc) ante os objetos deste mundo, morada histórica do homem (Lourival Vilanova). Advêm daí a urgência e a própria imprescindibilidade da força reiterativa da "repetição", fixando conceitos e estabelecendo a firmeza de que necessitam as iniciativas comunicacionais. "Repetição", como diz Constantin Constantius "é a realidade e é a seriedade da existência. Aquele que quer a repetição amadureceu em seriedade". Note-se que o emprego da palavra, nesses trechos, alude a seu amplo domínio de irradiação semântica, nunca à mera renovação de idênticos vocábulos, como é lícito supor no sentido vulgar da expressão.

Agora, subjacente a todo o escrito, conquanto não tenha sido lembrado de maneira ostensiva, está a severa advertência de Friedrich Wilhelm, Barão von Humboldt, pensador, diplomata e filólogo alemão, considerado o marco inicial da linguística moderna: *"o homem está de tal forma encerrado em sua língua, que só é capaz de perceber as coisas na medida e na forma em que elas são transmitidas pela linguagem. Até mesmo a mais singela percepção do mundo está guiada, de antemão, pela compreensão do universo da linguagem. Tão sitiados estamos pela linguagem que nos rodeia, que é impossível levantar o cerco que ela nos impõe"*. E, a título de exemplo, algo posto em forma diferente, mas com as mesmas proporções significativas da "repetição" a que me refiro: *"A linguagem entremeia todo o processo social, indistinguindo-se, no contínuo social, sua posição de causa e sua posição de efeito."* (Lourival Vilanova). Eis uma das premissas em que se apoia o Constructivismo Lógico-Semântico, que tenho para mim ser um sopro e floração da cultura humanística de nosso tempo.

Se, porém, as reiterações incomodarem além da conta, solicito mais ao leitor que medite sobre a frase "*A repetição gera o novo*" e aproveite o ensejo para ler, ou reler, o excelente texto do poeta Gerardo de Mello Mourão, "A Invenção do Saber" (Paz e Terra – 1983). Novamente, aqui, *a história como caminho para o passado* (retenção), mas que serve, perfeitamente, para a *constituição do presente* (presentificação) ou para a *alusão ao futuro* (protensão).

Aproveito para insistir que o discurso correspondente ao texto deste volume, longe de constituir um estipêndio inútil de erudição cumpre um papel de exercício contínuo de retroversão, vale dizer, o esforço de quem se volta sobre si mesmo para mexer com as dúvidas que o saber levanta, no afã de estruturá-las, de organizá-las e de comunicar aos interessados o quão produtivo é o movimento do Constructivismo Lógico-Semântico, selo de autenticidade de muitas obras que já circulam na experiência jurídica brasileira e internacional.

Sobremais, agora utilizando o pseudônimo de Nicolaus Notabene, o mencionado filósofo dinamarquês compôs e fez editar, em 1834, um ano depois do Ensaio sobre a Repetição, o livro Prefácios, texto com observações que nos interessam. São palavras de Nicolaus: "Em relação a um livro, um prólogo é uma insignificância..."

"Escrever um prefácio é como sentir no íntimo que se está prestes a ficar apaixonado, a alma docemente inquieta, o enigma abandonado, como se cada acontecimento fosse um indício de explicação."

Eis aqui de volta a alusão aos impulsos emocionais causados nos domínios do intelecto e aos quais me referi logo no início do presente escrito, que bem poderia chamar-se meta-prólogos, prólogo dos prefácios, prólogo dos prólogos ou prefácio dos prefácios, como foi o escolhido.

Fazenda Santo Antônio de Palmares, 25 de fevereiro de 2019.

Paulo de Barros Carvalho

Professor Emérito e Titular da PUC/SP e da USP.
Membro Titular da Academia Brasileira de Filosofia.

SUMÁRIO:

INTRODUÇÃO

Este livro que o leitor tem em mãos reúne pensamentos esparsos sobre a missão do homem imerso na complexidade de sua trajetória de vida. "Vida" compreendida aqui *"como um grito que Deus ouve"*, na imagem grandiosa do poeta Teixeira de Pascoaes. Mas, o percurso existencial da criatura humana é infinitamente grande, propagando-se em aspectos que lhe são interiores e exteriores, suscitando ao observador a necessidade de separar regiões, sub-regiões e microrregiões, se sua análise, com fins cognoscentes, pretender alcançar uma amplitude satisfatória deste universo.

O título já anuncia minha preocupação com o Direito, tomando, como hipótese de trabalho, a circunscrição do Direito Tributário. De tudo aquilo que acontece no intermundo social, isolo um setor que operaria como plataforma para sustentar a pluralidade de proposições que serão construídas: algumas de caráter técnico, outras de cunho científico, e outras mais de teor filosófico. Sim, porque o pensamento transita de ideia para ideia, segundo associações, relações, categorias e regras de formação e de transformação de unidades que se congregam em torno de um propósito superior, de índole eminentemente filosófica.

Ao longo da obra, que o prefácio procura de certo modo justificar, creio oportuno mencionar o pensamento de Álvaro Ribeiro (nos seus Estudos Gerais) quando alude ao ***dever-ser***, forma de síntese em que o jurídico deita suas raízes. Ouçamo-lo.

"Na linguagem dos valores, o modo indicativo, solidário da denominação, é superado pelo modo valorativo, que compara

o real com o ideal, para dar lugar ao modo imperativo. Assim nasce o ***dever-ser***.”

Eis um ponto de vista interessante para surpreendermos o aparecimento do dever-ser jurídico, com sua sistemática preocupação de disciplinar as condutas intersubjetivas no contexto social, para fins de implantar os valores que a sociedade proclama, num determinado intervalo do tempo histórico.

Ao tratar das proposições que enuncio, suponho relevante declarar que em momento algum deixo de manter presente a diferença da interpretação que nos conduz às camadas mais profundas da teoria geral e da filosofia, daquela outra que nos leva a considerações de ordem científica ou, mais ainda, as de feição meramente técnicas. Mesmo sabendo que as linguagens cumprem papéis específicos no âmbito da comunicação, ainda assim julgo que haja hierarquia entre elas e que seus patamares devem ser preservados.

No marco dessas fronteiras está meu pensamento, com suas flexões e reflexões recolhidas em instantes diversos e em lugares e condições distintas. Os diferentes escritos correspondem, portanto, a uma experiência que eu diria genuína, precisamente porque jamais tive a intenção de produzir o resultado no modelo de texto único, apesar do meu elevado apreço por tudo aquilo que tenha sido curtido na espontânea e compassada forma do tempo. Ainda assim, insistindo na premissa que consiste em ver o mundo como um fenômeno de comunicação, permaneço firmemente convencido de que, em especial no Direito, devemos libertar o pensamento da magia das palavras, da tirania da linguagem, para fazer fluir a construção da mensagem normativa com a naturalidade da brisa suave que, gentilmente, faz curvar a relva, num movimento silencioso e agradável. Refiro-me à retórica, indispensável em qualquer tipo de manifestação entre falantes (autor e receptor da mensagem), contudo sempre suscetível de abusos, quer para obter o convencimento desejado, seja para ornamentar a frase com adereços e enfeites que o bom gosto e a estilística energicamente rejeitam. Lembremo-nos de que o discurso científico não se compadece com hipérboles e outras figuras de linguagem desnecessárias aos fins cognoscentes que a ciência alimenta.

PARTE I

FILOSOFIA, LINGUAGEM E CONSTRUCTIVISMO LÓGICO-SEMÂNTICO

1. Um pouco de Filosofia

Tudo aquilo que não puder ser retido nos misteriosos arquivos da memória deixa de existir e, se por ela não for recebido, jamais adquirirá foros de existência. Daí a afirmação segundo a qual "a ausência é mais forte e incisiva que a presença".

* * *

O ser humano, de fato, não cabe no mundo material em que vive, razão pela qual só se satisfaz com o impossível. Afinal de contas, não existimos para além dos nossos sonhos!

O mundo, tal como é, na sua crueza, pouco vale. É preciso que ele seja banhado pelo sonho e pela fantasia. Aí, sim, damos-lhe esplendor e sentido estético, residindo nisso o sentido de nossa atividade moral.

* * *

As construções do espírito permitem à criatura humana não simplesmente existir, que é manter-se dentro dos limites físicos da natureza, sendo abrangido pelo espaço, mas sobretudo viver, que é abranger o tempo, rompendo com aquilo que nos parece ser a ordem natural das coisas, para expandir-se livremente no infinito, onde podem fluir todos os sonhos e são acolhidas as nossas aspirações e devaneios.

Efetivamente, o homem não cabe no mundo... Há de transportar-se, transcendendo, em busca do impossível, do inefável, justificando a proposição segundo a qual durar é tentar, em vão, a eternidade. O contorno material do homem, como ser vivente, é-lhe muito pouco. Oferece apenas o apoio físico indispensável para as aventuras do espírito. Basta examinar a tela de um pintor famoso: seu valor estético não descansa na base empírica que recebe o impacto do desenho e das tintas que lhe são aplicadas, porém no desempenho do artista que, na genialidade dos seus traços e na combinação inusitada das cores, deixa marcas no objeto. São as marcas da enunciação no enunciado, como índices da criação artística e modo de objetivação do belo. É o calor palpitante da vida misturando-se à fria condição material do suporte físico, naquela síntese do ser com o dever-ser, presente na composição de todo o objeto da cultura.

Quero lembrar, também, que tais objetos acontecem no curso da história, arrastando consigo os dados que o passado vai acumulando. Lourival Vilanova, a propósito, refletindo sobre o *quantum* de historicidade que os acontecimentos sociais carregam, declara com linguagem penetrante e expressiva: "Os entes históricos são assim: num ponto do tempo, repousam todos os pontos antecedentes, que se fazem presentes sem perderem seu modo de ser pretéritos. Confluem todos para o presente, que se converte em ponto de intersecção do que já se foi com o que está por vir. Com isso, o tecido histórico vai se constituindo ponto por ponto, tornando-se cada vez mais espesso, mais resistente, mais denso" (VILANOVA, Lourival. O poder de julgar e a norma. In: Escritos jurídicos e filosóficos, v. 1. São Paulo: IBET/Axis Mundi, 2003, p. 354).

* * *

Tratado como intuição pura, como condição a *priori* da sensibilidade no vocabulário kantiano, não têm convergido para o tempo as investigações filosóficas que poderíamos supor, tal o papel relevantíssimo que desempenha em todos os setores do conhecimento, seja ele o vulgar, o técnico e o científico. A breve trecho e apenas a título de curiosidade, a amplitude semântica da palavra nos leva a perto de cinquenta dimensões de significado, operando sempre como marcador implacável do ser humano carente e, portanto, ávido para situar-se bem na turbulenta e inconstante vida social. Não tem existência concreta e, de tão plácido, o homem, jogado no mundo, o utiliza juntamente com o espaço para direcionar-se apropriadamente, superando as dificuldades e prosseguindo na sua trajetória. Assim como a Geometria se vê impotente para definir o espaço, que é o objeto que se propõe medir, a ciência jurídica não tem como definir o Direito, como salienta Fritz Schreier, e o tempo, na sua unidirecionalidade irrefreável, remanesce, também, como categoria que é, em estado de absoluta indefinição. Mas os atos comunicativos – tecidos necessariamente em linguagem, e conduzidos pelo tempo, pois os atos de fala não se dão simultaneamente, mas em sequência – dispõem de mecanismos de associação de ideias, noções ou conceitos e que se estendem em raciocínios com seus correlatos argumentos. Eis aqui os meios de falar do tempo, compondo-o de várias maneiras e fazendo surgir, como acentuei linhas acima, com muitas e muitas associações para utilizá-lo.

Agora, entre as formas associativas, o espaço comparece em condição privilegiada, compondo com o tempo as coordenadas básicas de identificação dos objetos. Assinalamos assim os fenômenos que nos cercam, de tal sorte que, mesmo aqueles aparentemente dispensáveis, como os fatos psicológicos, na verdade não deixam de estar presentes, faltando-lhes apenas os traços de determinação mais precisa.

2. Da Filosofia ao Direito

Quero ressaltar que não sou filósofo do direito, em sentido estrito, mas compreendi, de há muito, que a consistência do saber científico depende do *quantum* de retroversão que o agente realize na estratégia de seu percurso, vale dizer, na disponibilidade do estudioso para ponderar sobre o conhecimento mesmo que se propõe construir. Dito de outro modo, estou convicto de que o discurso da ciência será tanto mais profundo quanto mais se ativer, o autor, ao modelo filosófico por ele eleito para estimular sua investigação. Já foi o tempo em que se nominava, acriticamente, de científica a singela coleção de proposições afirmativas sobre um direito positivo historicamente situado, passível de dissolver-se sob o impacto dos primeiros questionamentos. Requer-se, hoje, a inserção num paradigma mais amplo, numa tomada mais abrangente, capaz de manter-se em regime de interação com um esquema que possa realimentar incessantemente o labor da ciência, nos quadros de uma concepção grandiosa do pensamento humano. O toque da cultura, cada vez reconhecido com maior intensidade, evita que se pretenda entrever o mundo pelo prisma reducionista do mero racionalismo descritivo. Por isso, o sopro filosófico, na forma superior de meditação crítica, há de estar presente em toda a extensão do trabalho.

Não somente aquelas disciplinas de caráter empírico-descritivas de relações interativas, como o são a Psicologia Social do Direito e a Sociologia do Direito, mas todas as posturas cognoscentes do jurídico, entre elas a Dogmática ou Ciência do Direito em sentido estrito, postulam, a cada passo, os incrementos do pensar filosófico, criando novo alento e expandindo, com isso, os horizontes de seu saber. O progresso da pesquisa científica fica na dependência direta do apoio indispensável da Filosofia. Daí seu prestígio para o desenvolvimento dos estudos atuais, na multiplicidade de suas manifestações construtivas.

* * *

O saber tem muitos caminhos. Respeitemos, contudo, as opções: além do (i) *conhecimento leigo*, vulgar, feito pelo trato natural da criatura humana com os objetos da experiência, envolvendo-nos o tempo todo e desenhando as linhas demarcatórias de nossa circunstância existencial; há também a (ii) *apreensão técnica* daquele que se apropria das relações de meio e fim, após superar as resistências e proceder à acomodação dos usos atinentes aos singelos vínculos de causa e efeito; o (iii) *saber científico*, concebido na busca das causas primeiras, dos fundamentos últimos, com rigorosa devoção aos ideais de uma linguagem precisa, até ali aonde chegam as limitadas possibilidades da razão e, como domínio superior do espírito; e (iv) *visão filosófica*, feita das manobras de nossa mente, na procura de modelos amplos de compreensão de todos os demais saberes. Há entre eles uma relação de complementaridade. São independentes enquanto meios de ocupar-se com os respectivos objetos de indagação, querendo-se apenas respeitados nas suas individualidades, nos correspondentes *status*, nas dinâmicas operacionais indispensáveis para a configuração das formas cognitivas. Distinguem-se nas suas posturas, no estilo retórico de que se servem e, sobretudo, no nível de aprofundamento de suas investigações. Entanto, do mais elementar ao mais sofisticado, é bom lembrar que o conhecimento é sempre redutor de complexidades, dada a condição infinita do real, irrepetível e uno.

Esses ângulos de análise, com seus esquemas próprios de aproximação, estruturam-se como propostas uniformes, mas, sabe-se, as inquietações do espírito reclamam, sem cessar, a presença da Filosofia, que atravessa, teimosamente, todos eles, de cima a baixo, de lado a lado, para controlar a legitimidade e a coesão do texto ao oferecer critérios epistemológicos e axiológicos que permitam sua progressão e contribuam para o avanço e conclusão da pesquisa.

* * *

Consciente de que o idioma que utilizamos na comunicação jurídico-prescritiva, consolidado historicamente numa textura sintática e morfológica toda peculiar, esconde o resíduo do esquema dual da proposição normativa, os cientistas do direito que assumem a teoria comunicacional põem em curso admirável esforço de análise, no sentido de dominar as articulações lógicas que estão no subsolo do direito positivo, para em seguida manipulá-las, formando sua compreensão do fenômeno observado. O (seu) pensamento dos juristas movimenta-se, incessantemente, entre os textos legislados e a linguagem dos fatos que estão no "mundo da vida", naquela atividade dialética bem própria da compreensão, atitude gnosiológica adequada a quem se aproxima dos objetos culturais, como o direito.

* * *

O conhecimento está sempre em processo de modificação, repensando, reconstruindo, reinventando suas formas, seus métodos, redesenhando seu campo de possibilidades empíricas, seus mecanismos de autoavaliação. E se for científico, então, tais providências assumem a feição de expedientes complexos, ordenados categorialmente e submetidos a severo controle da metodologia, espaço que os filósofos reservam para pensar seus fundamentos últimos, limites e objetivos.

Tal movimentação dinâmica e incessante, que escapa às previsões da ciência para projetar-se nos domínios do imponderável, decreta uma instabilidade evolutiva que chama a atenção do estudioso, conquanto nada mais represente do que aquele predicado do real, uno, múltiplo nos seus aspectos e irrepetível, pois o suceder do pensamento humano é assinalado pela individualidade das contribuições, podendo falar-se, justificadamente, em propostas filosóficas efetivas, firmadas no tempo e no espaço, como acontecimentos de historicidade real.

Agora, essas considerações não impedem reconhecer a iteratividade do saber. Parece mesmo nada existir de novo debaixo dos céus! As filosofias acabam se repetindo sob novas roupagens e as vertentes do pensamento vão adquirindo configurações diversas, mas se coimplicando nos pressupostos estabelecidos. Basta tomarmos um sistema de proposições estruturado na forma superior de teoria filosófica, para verificar quantas leituras diferentes ela propicia no âmbito de seus próprios seguidores. Quantas interpretações de Kant, de Hegel, de Nietzche! Quantos modos de apresentar o jusnaturalismo, o realismo, o positivismo! E, se nos detivermos no direito, tudo isso parece ficar mais próximo ainda. Cossio, por exemplo, disse ter ido além de Kelsen, sem sair de Kelsen. À parte, o lado vaidoso da nota, permanece um momento significativo da multiplicidade de mundos que a interpretação pode suscitar.

Ora, é precisamente por isso que procuro evitar expressões vagas, carregadas de ambiguidades e que pouco colaboram para as reflexões mais sérias e profundas dos juristas. Inscreve-se nesse quadro de referência a locução pós-positivismo. Depois do empirismo lógico do Círculo de Viena, com todas as reações que suas mensagens provocaram, torna-se impossível unificar propostas para outorgar unidade às manifestações que o tempo histórico registrou.

* * *

Remetendo-me ao já afirmado acima, a relevância da análise epistemológica é algo imprescindível na elaboração científica. Os leitores, de um modo geral, sabem identificar o trabalho desenvolvido com método, seguindo um roteiro predeterminado, para distingui-lo daquel'outro, meramente informativo, voltado apenas ao fim de informar, de transmitir a notícia.

Da mesma forma, quanto ao autor. Quem lê ou quem ouve o discurso, mesmo não podendo justificar sua impressão, percebe quando a mensagem vem impregnada de certas reflexões que lhe dão gravidade e sentido de aprofundamento.

De outra parte, o direito posto, na sua continuidade normativa, oferece flagrante heterogeneidade de conteúdo, vista sua pretensão de regular as condutas intersubjetivas no contexto social. Daí a divisão, de cunho puramente metodológico, entre os vários ramos do sistema jurídico, providência estratégica do sujeito do conhecimento para poder aproximar-se do objeto que pretende conhecer.

A todo o instante, porém, instado pelas dificuldades da interpretação, envolvido com toda a sorte de peculiaridades desse ente cultural que é o direito, o exegeta vê-se na contingência de lançar um olhar retrospectivo, recuperando o espaço das noções fundamentais, ali onde estão depositados os conceitos básicos de sua ciência. Ei-lo de volta à Teoria Geral do Direito; ei-lo refletindo sobre o conhecimento jurídico, numa posição de filósofo do seu saber, para regressar com toda a força, dando sustentação a suas teses no domínio das dogmáticas.

3. Para conhecer é preciso recortar o mundo

Algo presente no fenômeno do conhecimento é a tentação constante do tratamento unitário, completo, abrangente, totalitário, pronto para cobrir toda a extensão do objeto de um só feito. Sabe-se, porém, que tal missão é impossível. O real é infinito nos seus aspectos e, portanto, inesgotável nas suas manifestações. É preciso seccioná-lo, cortá-lo, reparti-lo, desprezando a solidariedade com que tais notas se dispõem, tudo para o fim de articular uma proposta artificial, tornando admissível o expediente cognoscitivo. Daí a tendência histórica para a departamentalização das ciências, para a multiplicação incontida dos saberes especializados. Com o direito, essa observação fica muito clara e corresponde adequadamente ao contato que com ele travamos na experiência do dia a dia.

* * *

Orientar as condutas inter-humanas, em termos de propiciar a realização de valores caros aos sentimentos sociais, num determinado setor do tempo histórico, tem sido o primordial objetivo do direito. Essa preordenação de comportamentos possíveis, no âmbito do relacionamento intersubjetivo, porém, é apenas estimulada, instigada, provocada pelos mecanismos linguísticos de que se pode servir o instrumento jurídico, porquanto sabemos que a linguagem, ainda proferida com a autoridade coativa dos órgãos do Poder Público, não chega a tocar materialmente os eventos e as condutas por ela regulados. O legislador, tomado aqui no sentido amplo, tem de mexer com crenças, hábitos sociais, sentimentos e estimativas; tem de apreender, historicamente, a marcha do social, para que lhe seja possível motivar os destinatários da regra jurídica, induzindo-os no sentido de realizar as expectativas normativas. Agora, esse poder retórico que atravessa de cima a baixo a mensagem legislada, e sem o qual ficará irremediavelmente comprometida a eficácia social da norma, faz com que o discurso jurídico-prescritivo assuma ares de autonomia com relação à linguagem da realidade. Verifica-se, ao percorrer textos do direito posto, que são numerosos os casos de discrepância entre a proposição prescritiva e a situação do mundo recolhida como conteúdo da linguagem ordinária, utilizada no cotidiano.

Claro está que dessa observação advêm consequências fundamentais para a compreensão do fenômeno jurídico. Entre elas, cabe referir: a) o discurso normativo, para reger os comportamentos entre pessoas, não pode ater-se, pura e simplesmente, à linguagem mediante a qual aquelas condutas se efetivam no meio social, sob pena de ficar tolhido pelos mesmos fatores que o condicionam. Por isso mesmo, permite-se-lhe tanto confirmar proposições factuais, como alterá-las pela infirmação, total ou parcialmente, ao talante do legislador, com o que se constrói o plano da faticidade jurídica; b) disso decorre uma configuração semiótica bem distinta entre os dois *corpus*, com suas peculiares dimensões sintáticas, semânticas e pragmáticas, nitidamente diferentes; c) e uma conclusão incisiva, no sentido de que o intervalo dessa diferença é ocupado por construções em que o autor dos preceitos normativos opera com liberdade, vigiada pela lógica deôntica e pelos imperativos do próprio sistema, é certo, mas imprescindível para os fins reguladores a que se destina a linguagem do direito positivo.

Ora, como a demarcação do objeto é da responsabilidade do cientista, atento aos limites epistemológicos do correspondente campo de investigação, nada impede que seu interesse venha a incidir exatamente no espaço daquela diferença a que aludi linhas acima, enfrentando indagações como: até que ponto o editor da norma jurídica pode desprender-se das formas usuais encontradas no exame do tecido social, sob o pretexto de disciplinar os comportamentos interpessoais?

Que expedientes retóricos estaria ele credenciado a empregar? Como funcionariam esses recursos que, no final das contas, outorgam tal supremacia à linguagem do legislador?

Por esse vezo metodológico verificam-se traços indeléveis do chamado "constructivismo lógico-jurídico" praticado pela corrente analítica. Ora, é pela demarcação do objeto e sua seguida investigação que se cria o cerco restrito da linguagem, amarrando conceito por conceito, para estabilizar o curso do raciocínio e extrair proposições conclusivas, cheias de sentido e de coerência; a associação, digamos assim, "direta", entre as categorias propostas e o exemplo vivo da experiência jurídica de nossos dias.

4. Contribuição dos estudos tributários à Teoria Geral do Direito

O estudo do Direito Tributário, no Brasil, tem exibido invejável sentido de profundidade. A circunstância da farta elaboração da matéria no altiplano da Constituição e a consciência de que o conhecimento do Direito Administrativo é imprescindível para a boa compreensão da sistemática tributária, tudo sustentado por uma base sólida de Teoria Geral e por sadias reflexões de Filosofia do Direito, enformaram uma doutrina que vem se distinguindo pelo aprofundamento de suas elaborações, pela seriedade da pesquisa e pela produção de um coerente discurso científico. Óbvio que tais predicados não atingem a generalidade dos trabalhos, mas é traço bem característico em número razoável de escritos publicados nos últimos dez anos.

Diríamos que a primeira causa é de índole histórica, ensejada pelo modo minucioso segundo o qual o Constituinte brasileiro estabeleceu o campo das possibilidades impositivas, obrigando o estudioso a ingressar no exame acurado da ordem constitucional, como pressuposto indeclinável do entendimento das instituições tributárias. Os três outros, porém, hão de ser creditados à sensibilidade de nossos estudiosos, que perceberam, oportunamente, a necessidade de conhecimentos de Direito Administrativo, de Teoria Geral e, para o coroamento da pesquisa, de meditações acerca da natureza do processo cognoscitivo, de suas projeções efectuais, do controle na construção da linguagem científica. Este último esforço, que retroverte sobe a própria construção do discurso, faz limitações e deficiências, mas, ao mesmo tempo, travando contato com suas virtudes e potencialidades.

É auspicioso saber que um grupo de estudiosos brasileiros, no terreno do Direito Tributário, animado com inquietações desse gênero, vem impulsionando a dogmática nacional e abrindo espaço a indagações relevantes sobre o fenômeno jurídico.

Não sobeja lembrar que a contraparte do discurso irrefletido, onde se misturam, de forma grosseira, enfoques de ciências diversas, num sincretismo metodológico que choca e surpreende as mentalidades menos exigentes, não é a linguagem despojada, esmaecida, voltada exclusivamente para o objeto, numa repetência exaustiva de enunciados rigorosos e consistentes, tendendo à univocidade que os sistemas científicos reivindicam, mas violentando a grandiosidade do espírito humano, pela aridez do percurso, pela carência de informações sobre o mundo que a todos envolve e que reclama pelas nossas valorações para ser adequadamente compreendido. No domínio das chamadas ciências sociais, a postura axiológica do ser cognoscente é pressuposta, já que sem valor, que é o sentido específico do homem e da sua liberdade, ele mesmo não existe como tal e não há como falar-se em cultura. A polaridade se estabelece em termos diferentes. Há cabimento de enunciados de outras ciências na linguagem da dogmática, desde que não interfiram naquilo que conhecemos por "modelo do raciocínio da Ciência do Direito em sentido estrito". Vale dizer, o autor pode, perfeitamente, enriquecer seu discurso descritivo com orações estranhas, desde que o faça a título de observações marginais. Torna-se possível, então, trasladar sentenças da Economia, da Ciência Política, da Sociologia, da História, da Antropologia para ajudar no esclarecimento indicativo, para servir de contraste, de pano de fundo, jamais para fundamentar o modo de ser peculiar do pensamento jurídico.

Tudo isso, além da necessidade que o teórico tem de sair do âmbito do conhecimento especializado, para examinar a natureza de seu trabalho, inspecionando a técnica da construção científica, a fim de arrumar organicamente o material da investigação, que é o campo próprio da metodologia jurídica.

* * *

Com efeito, existem temas recorrentes, que mais cedo ou mais tarde surgem para enriquecer a experiência da comunidade jurídica, seja qual for o idioma e a circunstância histórica pela qual passa a relação do fisco e do contribuinte. Tudo porque já se pode falar de uma "cultura" tributária dos países latino-americanos, juntamente com Portugal, Espanha e Itália. Assim também pelos reiterados encontros científicos até agora realizados e, sobretudo, pela vivência de mais de cinquenta anos de estudos firmados, com pequenas variações, na base da mesma doutrina teórica.

Adverte-se, por outro lado, que o vocábulo "tributo" vem experimentar forte valorização semântica, de tal modo que as legislações do mundo ocidental, de maneira uniforme, já tipificam infrações tributárias mais graves com o mesmo rigor que algumas prescrições de caráter penal, significando que se atribui àqueles bens um *status* elevado na hierarquia dos valores sociais. E esse dado histórico demonstra, por si só, o crescimento da importância da Ciência do Direito Tributário, sobrelinguagem que se ocupa o Direito tributário positivo.

Quero agregar, que a ascensão valorativa deste segmento da dogmática vem acompanhada de outra nota que não pode deixar de ser assinalada: nos tempos atuais, os tributaristas vêm oferecendo uma valiosa contribuição à Teoria Geral do Direito, nutrida, em outros tempos, pela meditação dos civilistas, penalistas e processualistas. A pesquisa aprofundada para a Teoria Geral do Direito, o que, por si só, já se constitui a razão do sucesso para todos aqueles que operam com esse subdomínio do saber jurídico.

5. O necessário comprometimento da investigação científica a um método

Todo raciocínio histórico haverá de ser iluminado pela perspectiva do tempo. A marcha inexorável dos anos, no seu evoluir compassado, descobre e oferece ao estudo e à análise do historiador, as explicações e os fundamentos das mutações sociais, abrindo campos a interpretações e ensejando até a previsão de acontecimentos que ao depois se confirmam.

A despeito disso, porém, em muitas oportunidades, nossa sensibilidade acusa a vivência de momentos importantes, conquanto não possamos explicá-los e muito menos estabelecer seus nexos de causa e efeito, justamente pela impossibilidade de vê-los sob a perspectiva do tempo, ou, para melhor dizer, por uma visão adequadamente histórica.

Vive, a ciência do Direito Tributário, dias de grandes perplexidades. Havendo-se desvencilhado, parcialmente, da negativa influência da Ciência das Finanças, encontra-se em condições de postular sua própria afirmação como matéria jurídica. Muitos autores, todavia, como que tolhidos pelos antigos preconceitos que detiveram o progresso científico daquela disciplina e preocupados com a farta e desordenada produção legislativa, parecem entender possível o desdobramento sistemático da matéria, sem qualquer atinência àquelas noções isagógicas que inspiram e iluminam todo ramo do saber jurídico, mais atentos que estão aos efeitos práticos e tangíveis que ladeiam a instituição do tributo.

A presença do cuidado metodológico, como necessidade premente no desenvolvimento de trabalhos de cunho científico, não é frequente nas obras brasileiras sobre o Direito Tributário. Situação que enforma um ramo jurídico quase que totalmente divorciado de suas origens, implica dizer, da Teoria Geral do Direito.

A Ciência do Direito Tributário nada mais representa que uma especialização da Ciência do Direito, pelo que suas raízes haverão de ser pesquisadas no plano dos conceitos fundamentais, aplicáveis em todos os segmentos do universo jurídico. Queremos crer que nenhuma solução jurídico-tributária haverá de prosperar, se não estiver devidamente esteada naquelas noções propedêuticas que desenham o campo de estudo da Teoria Geral do Direito. A verificação das premissas comuns ao setor do conhecimento humano em que se labora, não é imperativo a que se devam submeter apenas os tributaristas, mas recomendação geral a que estão sujeitos todos os que pretenderem fazer ciência.

Fazer metodologia, consoante a lição de Carnelutti, é debruçar-se o cientista sobre sua própria ciência, numa tentativa de captar o relacionamento lógico de suas categorias fundamentais e, logo em seguida, aplicá-lo no desenvolvimento de seus estudos.

* * *

Muito se tem encarecido a presença do método na composição do trabalho científico. Em princípio, seria o meio escolhido pelo sujeito do conhecimento para aproximar-se do objeto, por ele mesmo constituído, no próprio processo de aproximação.

Daí dizer-se que a cada ciência corresponde um, e somente um, método, ainda que possa consubstanciar diferentes técnicas. Tudo isso encerra uma gama imensa de dificuldades, que se acentuam, incisivamente, sempre que o fenômeno que procuramos apreender se aloja na porção ôntica dos objetos culturais. Seja pelo dado axiológico que ele necessariamente contém, seja pelo dialético movimento exercitado por nosso espírito no esforço de compreender o objeto, passando, de modo invariável, pela consideração das ideologias, o que de concreto existe é a enorme complexidade suscitada pela discussão dos problemas epistemológicos, reivindicando, a cada instante, prolongadas e maturadas reflexões. Ora, ponderações dessa natureza, longe de espertarem o desalento, se afirmam como desafio que estimula o interessado na busca de "suas verdades" e do sentido de "seu mundo". Agora, se pensarmos que o chamado "direito positivo", como genuína construção cultural que é, comporta muitas posições cognoscentes, podendo ser observado por diversos ângulos diferentes, como se dá com a História do Direito, com a Sociologia do Direito, com a Dogmática Jurídica ou Ciência do Direito em sentido estrito, com a Antropologia Jurídica, com a Filosofia do Direito, apenas para salientar alguns saberes igualmente dotados da mesma dignidade científica já teremos iniciado aquele processo de aproximação, esboçando os primeiros passos na trajetória do conhecimento jurídico.

Confesso que tenho insistido nesse ponto, especialmente ao comentar ou mesmo prefaciar escritos de doutrina jurídica, convencido que estou na impossibilidade do discurso científico não penetrado por preocupações metodológicas. O descaso pelo método e a irrelevância que se atribui ao modo de surpreender o objeto vêm, quase sempre, acompanhados da ânsia de oferecer farta cópia de informações, num estranho amor à prática e na tentativa vã de dissociá-la das formulações teoréticas, impedindo o conhecimento. E o resultado é desastroso: notícias recolhidas desordenadamente aparecem justapostas ou sobrepostas, na expectativa de nova e até mais penosa sistematização. Os dados da experiência, jogados ao léu, pedem arranjo, reclamam organização. E o esforço despendido se perde, distando de proporcionar uma descrição mais ampla e abrangente do fenômeno central. Justifica-se, dessa maneira, meu empenho em repetir temas de outros prefácios, se bem que voltado para pontos específicos e procurando ressaltar traços determinados.

* * *

O conhecimento dogmático de um direito positivo historicamente considerado requer cuidados introdutórios indispensáveis, como sucede, aliás, em qualquer outro segmento do saber. Cumpre ao estudioso circunscrever o objeto que pretende colocar sob foco temático e, de seguida, iniciar seu exame na conformidade de um estilo formal compatível e idôneo, que há de presidir todo o desenvolvimento do descritivo. Providência dessa natureza, antes de mais nada, já confere possibilidade científica ao projeto, abrindo espaço ao aprofundamento teórico que ilumina e faz compreender as estruturas que o ser cognoscente atentamente observa.

* * *

A garantia de que o feixe de proposições descritivas se dirige, efetivamente, sobre a base objetal, cobrindo-a por inteiro, segundo os padrões de método adredemente estabelecido, é o que expressa a vantagem do conhecimento científico, vertido sempre em linguagem rigorosa.

Decididamente, não creio em aprofundamento teórico sem que o agente do conhecimento, numa atitude de introspecção, como estratégia de aproximar-se do objeto, desloque provisoriamente o alvo de suas reflexões para os pressupostos do saber científico, vale afirmar, reserve espaço para considerações de ordem epistemológica, em que a ciência, ao repensar-se, indague acerca de seus limites, de suas possibilidades, de seus objetivos últimos.

* * *

O discurso declarativo ou indicativo, na sua feição crítica, deve incidir sobre o campo objetal, significa dizer, sobre o domínio das normas válidas, no âmbito de marcos espaço-temporais desde logo definidos. Mais ainda, mediante sucessivos recortes, o cientista isolará feixes de regras, circunscrevendo finalmente o âmbito material de seus enunciados.

Ao falar assim parece até fácil o trajeto de aproximação empreendido pelo sujeito, nessa área do conhecimento. Quem já lidou, porém, com a experiência concreta da realização do direito sabe quão difícil é o percurso epistemológico inerente à construção científica, composto por uma sequência de cortes e de recortes, para o isolamento temático da região a ser explorada, salvaguardando, é claro, os pressupostos que desenham o modelo dentro do qual haverá de mover-se o pensamento especulativo.

A escolha da planta fundamental da pesquisa é opção que cabe ao autor. Requer-se apenas consistência e "pretensão de verdade gnosiológica", já que o dado empírico a ser colhido tem a infinitude do real e a atividade cognoscitiva não pode alimentar a pretensão de exauri-lo, surpreendendo-o na sua integridade constitutiva. Agora, aquilo que se vê no quadro da moderna Teoria da Ciência é que as propostas epistemológicas continuam se digladiando, numa luta sem fim pela supremacia de cada qual no seio das correspondentes comunidades científicas. E não será preciso salientar que no direito também é assim. As várias escolas do pensamento jurídico, com seus diferentes pontos de partida e distintos processos de elaboração, tiram proveito do espírito emulativo do jurista, animado quase sempre a induzir o interlocutor ao convencimento de suas teses.

Sem discutir as preferências, diria eu que os temas práticos podem ser objeto de proposições meramente informativas ou de proposições crítico-descritivas que procurem encontrar a adequada fundamentação teórica.

* * *

O pensar de maneira livre, ouvindo, lendo e respeitando os argumentos em dialógica oposição, dá forças e serenidade para a reflexão profunda e para a análise aturada. Não há estratégia mais eficaz do que a de aceitar as premissas do pensamento do interlocutor para, dentro dele, fazer transitar o raciocínio, movimentando as ideias e, surpreendendo, se for o caso, seus pontos de insuficiência. Agora, na hipótese de não serem encontrados, saber exprimir nossa concordância com a veemência e a autenticidade de quem aceita porque compreendeu. É bom esclarecer que o procedimento em que se consubstancia a mencionada atitude dista de ser redutora do valor "respeito" para transformá-lo em mero expediente retórico. Longe disso. Pretende ser forma reverente de manter a conversação em clima de diálogo produtivo, imprimindo funcionalidade e eficiência ao fato comunicacional. Eis o ambiente que se busca implantar nas várias unidades que compõem o instituto, reconhecendo, ademais, a *utopia do direito*: ter uma linguagem objetiva, imune às subjetividades.

Intercalo, aqui, uma observação que se vem fortalecendo no meu espírito, ao longo destes últimos anos. Ao lado do crescimento vertiginoso da produção científica brasileira, que me parece um dado relevantíssimo, na medida em que corresponde a manifestações empíricas concretas, volta a ameaça do *sincretismo epistemológico* que decretou a falência da Ciência das Finanças, denunciando de forma candente na obra expressiva de Alfredo Augusto Becker. A pretexto de desenvolver análise mais abrangente do fenômeno descrito, focalizando-o na multiplicidade de seus aspectos, alguns autores se esquecem de preservar a pureza epistemológica que outorga dignidade e magnitude à Ciência do Direito Tributário. Penso que o modo de aproximar-se do objeto jurídico, para efeitos dogmáticos, não admite concessões. A chamada interpretação econômica ou qualquer outra que não a exclusivamente jurídica é incompatível com o domínio que assume as proporções de feixe de normas reguladoras de condutas intersubjetivas, tendo em vista a implantação de valores no contexto social. Buscam suporte em ciências chamadas afins, como a Economia, a História e tantas mais que podem observar o "direito positivo" como foco parcial de suas preocupações descritivas. Mas, a Dogmática Jurídica, no nosso caso a tributária, requer um e somente um modo de compreensão: o estritamente jurídico, de mesma forma como o fenômeno econômico ou o político hão de ser apreendidos por atitude cognoscente exclusivamente econômica ou política. Dentro de cada qual dessas posições, há técnicas que lhe são peculiares, não podendo, porém, ser transpostas para outros métodos que alimentem ciências formalmente distintas, mas com idêntico objeto material. Iludem-se aqueles que imaginam a possibilidade de informações fragmentadas, tomadas em seu conjunto como somatória de aproximações formais, vierem a compor uma visão integral do objeto submetido à análise. Quando muito, seria um saber meramente enciclopédico, bem distinto de significar uma teoria total sobre a matéria.

Deixo o registro porque observo o detrimento que vem causando essa confusão metodológica, confundindo situações que seriam mais compreensíveis se atinássemos a uma ponderação que já deveria estar sedimentada no âmbito da Ciência com que trabalhamos.

6. Constructivismo lógico-semântico

O difícil e trabalhoso encontro entre a teoria e a prática, a intersecção entre a ciência e a experiência, que se dá por uma linguagem intermediária, de caráter técnico, provoca uma satisfação intelectual imensa: eis o ser, pessoa em plena aventura do conhecimento, explorando parcelas significativas de sua circunstância e dominando-as pela atividade superior da consciência. Sempre que isso ocorre, abre-se espaço à reflexão, e a dignidade do homem atinge momentos de reconhecido apogeu.

Sou um entusiasta das concepções propostas na obra do Professor Lourival Vilanova, como todos sabem. Mas, o respeito cresce e se sustenta quando me deparo com a aplicação de suas categorias a situações concretas do plano real, particularmente, nos domínios do direito. A encantadora riqueza de seu constructivismo lógico-semântico, como teoria montada mediante articulações tecidas com toques de genialidade, já seria suficiente-em-si para suscitar incontido apreço. Entretanto, ao projetar-se para o mundo da vida, onde está mergulhado o ser humano e seus intermináveis problemas, na turbulenta vida social, aí, sim, aquela admiração se alarga e chega a pontos de paroxismo.

O breve discurso originou-se pelo aparecimento de recentes trabalhos de Dogmática Jurídica, alguns na forma de dissertações, outros na condição de teses de doutoramento, mas, todos eles procurando expandir aquele modelo preciso e penetrante, que vem mostrando sua potencialidade funcional como instrumento especulativo de extraordinário alcance prático.

* * *

A porção de lógica circunscreve-se às noções básicas, tão só para deixar claro que ali onde houver linguagem, haverá certamente o plano lógico, regendo a morfologia e a sintaxe do repertório ou conjunto sígnico. A da ciência, na função descritiva, uma; a do direito posto, função prescritiva, outra. Há, porém, várias proposições sobre filosofia da lógica, especialmente acerca de questões epistêmicas que o trato com o dado jurídico não poderia prescindir.

De forma semelhante, os estudos sobre a linguagem e, mesmo, sobre as propostas semióticas que adoto para isolar o direito tributário como objeto da Ciência, distam de assumir o caráter de especulação teórica estruturada em termos sistemáticos. Nutro, apenas, o objetivo de tomar algumas categorias da Linguística e da Semiótica na sua índole instrumental, procurando aplicá-las à compreensão do direito positivo e de sua metalinguagem, a Dogmática.

A respeito da orientação que está subjacente ao escrito, na sua integridade constitutiva, não hesito em inscrevê-la no quadro do chamado *construtivismo lógico-semântico*, em que a postura analítica faz concessões à corrente hermenêutica, abrindo espaço a uma visão cultural do fenômeno jurídico. Coube-me perceber, aliás, que o ponto de vista analítico não sai prejudicado, mas robustecido com as luzes das construções hermenêuticas: o tom da historicidade, a consideração dos valores, a interdiscursividade entre textos afins, o imergir em segmentos culturais bem concebidos, tudo isso ressalta o teor da analiticidade com que o observador lida com o segmento normativo sob seus cuidados. Não é, portanto, um sincretismo vulgar, comodista, que banalize o assunto outorgando-lhe foros de superficialidade, para alegria dos adeptos das teorias em confronto. Longe disso, penso em expediente que potencialize a investigação: de primeiro, por sair amarrado e costurando os conceitos fundamentais, estipulando o conteúdo semântico dos termos e expressões de que se servem os especialistas; de segundo, porque projeta os elementos especulativos, preparando-os para outra sorte de indagações, agora de cunho culturalista; e, por fim, munidos desse poderoso instrumental, aplicá-lo ao direito tributário dos nossos dias.

Bem, como resultado de certo modo prático dessa conjugação, abre-se a perspectiva para sugestivo exame da estrutura lógica dos valores, submetendo-os a uma decomposição apta para exibir, a qualquer momento, e com a estimativa que melhor nos convier, os 14 (quatorze) traços lógicos que os valores necessariamente contêm. E o teste objetivo dessa meditação aparece, desde logo, ao tratarmos da entidade num caso concreto: em vez de ficarmos clamando insistentemente pelo valor *segurança*, por exemplo, basta percorrermos os aspectos inerentes a esse dado axiológico e, por dez vezes, se assim o quisermos, mencioná-lo-emos no discurso que sobre ele proferirmos. O expediente favorece a retórica e aumenta, consideravelmente, a força expositiva da mensagem.

* * *

O Constructivismo é antes de tudo um método de trabalho, uma forma de compor o discurso preservando a integridade sintática do texto, ao mesmo tempo em que aprimora sua dimensão semântica mediante especificações de sentido que a progressão da mensagem exige. E nada disso se obtém, é claro, sem a adequada consideração dos efeitos pragmáticos do que pretende o emissor com a expedição do ato de fala. Já Luhmann oferece uma visão grandiosa do tecido social como um todo, acentuando a relação entre os vários subsistemas em dinâmico e permanente intercâmbio comunicacional. Ora, no âmbito dos horizontes largos da autopoiese, o suficiente para abranger a magnitude do conjunto, não seria de esperar que tais teorias pudessem ficar meramente justapostas, a ponto de operarem em função de complemento.

7. Interpretação, retórica e linguagem

Pois bem, se pensarmos numa simples acepção de qualquer das três palavras, naquela que primeiro nos acudir à mente, perceberemos que nada escapará à magnitude da proposta. O mundo, na multiplicidade intensiva e extensiva do real, caberá, por certo, no âmbito semântico de cada uma delas. Por exemplo, se tomarmos *"interpretar"* como atribuir valores aos signos e, por meio deles, fazer referência aos objetos do mundo; *"retórica"* no sentido de equilíbrio na combinação adequada entre os elementos da trilogia *ethos*, *pathos* e *logos*; e *"linguagem"* como emprego das unidades do sistema sígnico, tendo em vista a comunicação entre os seres humanos, já seria o bastante para, feitas as devidas associações, repito, entre "interpretação", "retórica" e "linguagem", outorgar ao conjunto expressional o máximo padrão significativo que poderíamos supor, o suficiente para reconhecer ao homem a condição de ente que se locomove no mundo interior e exterior, construindo nele sua existência.

* * *

Compreensão é a atitude gnosiológica própria aos objetos culturais, precisamente ali onde se demora o Direito. Realiza-se, de modo invariável, pelo processo empírico-dialético: em clima de contínua dinamicidade, o intérprete locomove-se entre a linguagem dos enunciados jurídico-prescritivos e a linguagem da experiência, num incessante movimento dialético, atribuindo valores aos signos, isto é, adjudicando-lhes significações para, desse modo, fazer referência aos objetos do mundo e apreender as técnicas que o legislador utilizou para esquematizar classes de condutas, tendo em vista dominar, racionalmente, a realidade social, como salientou Lourival Vilanova (*As Estruturas Lógicas e o Sistema do Direito Positivo*, Noeses, 4ª edição, p. 235). Seja partindo da concretude dos fatos, seja descendo dos preceitos mais abstratos para a singularidade de ocorrências que a riqueza da vida social a cada instante oferece, não é outro o procedimento do exegeta, sempre à procura daquele momento mágico em que se instala, no seu espírito, a tão desejada compreensão da mensagem prescritiva. A intensa conversação do sujeito com a complexidade textual, indo da norma ao fato ou, deste último, buscando a unidade normativa para, de lá, regressar ao ponto de partida, promovendo ajustes e conferências, numa reiteração contínua, algumas vezes até cansativa, é a única via que a Teoria dos Objetos concebe para que o sujeito do conhecimento se aproxime dos dados jurídicos e, segundo seus critérios, construa o conteúdo transmitido.

Ora, é desse modo que os juristas lidam com o Direito: intuitivamente, como quem "toca de ouvido", ou de maneira consciente, saindo da norma geral e abstrata, mesmo que seja em termos imaginários, e se projetando sobre a linguagem da vida social (plano da experiência). N'outras ocasiões, iniciam o trajeto a contar das particularidades de uma situação concreta, colhida na turbulência do mundo por eles vivido, tomada na condição de evento, e escalam a hierarquia do direito posto à busca dos comandos gerais e abstratos que possam hospedar aquele acontecimento uno, único e infinito nos seus aspectos, relatando-o no estilo linguístico competente. Tudo, com o objetivo de qualificá-lo juridicamente como fato, abrindo espaço à pesquisa dos efeitos que irradia. A opção de iniciar o percurso de norma geral e abstrata ou fazê-lo de norma individual e concreta, por exemplo, comparece aqui, apenas, como simples contingência. Importante é reter que tal intervalo, no fluxo da consciência, a que chamamos de compreensão, se estabelece num átimo imprevisível (quando se estabelece). Em linguagem husserliana, poderíamos dizer que o ato de consciência compreender gera a forma de consciência compreensão com o conteúdo de consciência (noema) que for seu objeto, no caso, os textos jurídicos. Isso, como fruto daquela atitude dialógica à que me referi linhas acima. E mais, convergem na compreensão muitos fatores, sobretudo aqueles de fundo ideológico e psicossocial, no quadro dos quais ingressam os conhecimentos gerais e específicos que o indivíduo reúna sobre a matéria analisada, além, é claro, de outros referentes a variadas ordens, como os interesses imediatos e mediatos envolvidos na tomada de decisão interpretativa. Por certo que o ato de fala correspondente trará elementos valiosos para revelar a presença daqueles fatores. É preciso, portanto, recuperá-lo e examiná-lo em toda a sua extensão. Note-se, também, que numa das suas proporções de sentido, a palavra interpretação aparece empregada como sinônima de compreensão.

Compreender, como realização do espírito, é um instante nobilíssimo, se bem que a Hermenêutica atual assinale o início do processo com o travar contato com o plano da expressão textual: leitura. Em seguida, vem a interpretação, tomada aqui como processo e não como produto. Chega-se, finalmente, à compreensão. Torna-se imperioso advertir que, no domínio dos objetos da cultura, o juízo de valor é imprescindível para a formação do trabalho cognoscitivo. Sem dado axiológico, inexistirá compreensão. O legislador, ao editar os conteúdos das mensagens do direito, fixa estimativas e o destinatário, ao tentar compreendê-las, atribui valores inerentes, como não poderia deixar de ser, à sua formação ideológica. Aquilo que todos desejam, certamente, é o equilíbrio na comunicação entre editor e receptor, de tal maneira que as expectativas normativas sejam definidas, estáveis e persistentes.

* * *

O direito, sabemos, é um fenômeno complexo. Um modo, porém, de estudá-lo sem ter de enfrentar o problema de sua ontologia é isolar as unidades normativas. Ali onde houver direito, haverá normas jurídicas. E, onde houver normas jurídicas, haverá, certamente, uma linguagem em que tais normas se manifestem.

A linguagem, típica realização do espírito humano, é sempre um objeto da cultura e, como tal, carregando consigo valores. Como decorrência imediata, o direito positivo apresenta-se aos nossos olhos como objeto cultural por excelência, plasmado numa linguagem que porta, necessariamente, conteúdos axiológicos. Agora, esse oferecer-se em linguagem significa dizer que aparece na amplitude de um texto, fincado este num determinado *corpus* que nos permite construir o *discurso*, utilizada aqui a palavra na acepção de plano de conteúdo, a ser percorrido no processo gerativo de sentido. Surgirá o *texto* quando promovermos a união do plano de conteúdo ao plano de expressão, vale dizer, quando se *manifestar* um empírico objetivado, que é plano expressional.

Mantenho presente, desse modo, a concepção pela qual *interpretar* é *atribuir valores* aos símbolos, isto é, *adjudicar-lhes significações* e, por meio dessas referências a objetos.

Há que se tomar nota que o comportamento de quem pretende interpretar o direito para conhecê-lo deve ser orientado pela busca incessante da compreensão desses textos prescritivos. Ora, como todo texto tem um plano de expressão, de natureza material, e um plano de conteúdo, por onde ingressa a subjetividade do agente para compor as significações da mensagem, é pelo primeiro, vale dizer, a partir do contato com a *literalidade textual*, com o *plano dos significantes* ou com o chamado *plano da expressão*, como algo *objetivado*, isto é, posto intersubjetivamente, ali onde estão as estruturas morfológicas e gramaticais, que o intérprete inicia o processo de interpretação, propriamente dito, passando a construir os conteúdos significativos dos vários enunciados ou frases prescritivas para, enfim, ordená-los na forma estrutural de normas jurídicas, articulando essas entidades para construir um domínio.

A missão de exegeta dos textos jurídico-positivos oferece ingentes dificuldades se a proposta for de um exame mais sério e atilado, o que fica mais evidente quando lembramos que o direito se apresenta como um objeto da cultura, invariavelmente penetrado por valores. Isso, porém, não nos impede declarar que conhecer o direito é, em última análise, compreendê-lo, interpretá-lo, construindo o conteúdo, sentido e alcance da comunicação legislada. Tal empresa, entretanto, como mencionada, nada tem de singela. Requer o envolvimento do exegeta com as proporções inteiras de todo sistemática, incursionando pelos escalões mais altos e de lá regressando com os vetores axiológicos ditados por juízos que chamamos de "princípios".

* * *

Somente agora nossos especialistas perceberam a distância abissal que muitas vezes separa o "bom senso" do "senso jurídico", de tal arte que todo aquele que se preocupa com um exame mais sério e atilado está por exigir, do autor, a eleição de um método e de um coerente desenvolvimento das premissas escolhidas.

Creio que não há mais espaços para obras jurídicas, com pretensões científicas, sem a rigorosa demarcação do campo objetal sobre que incidem as proposições do discurso descritivo. Igualmente, sem que o conjunto de enunciados esteja composto em linguagem própria, isto é, na linguagem artificial produzida pela ciência, fortemente inclinada à eliminação dos vícios do expressar-se comum, desafio constante que acompanha e atormenta a tarefa de construção da metalinguagem científica, vertida que está sobre outro estrato de linguagem: a do direito positivo.

Aliás, não custa observar que nessa sobreposição de linguagens à que aludo, estão depositadas, quem sabe, as maiores e mais ingentes dificuldades para a compreensão do direito. De fato, situado como está na região ôntica dos objetos culturais, o direito positivo já vem permeado de valores, que serão selecionados e avaliados pelo critério axiológico ditado pela tábua de valores daquele que interpreta, o que faz da "compreensão" o meio adequado de acesso ao bem cultural.

Ora, de ver está que tudo isto, analisando no contexto de uma visão sistemática, onde as unidades normativas se entreligam formando uma estrutura sintática; onde há, inequivocamente, um referente semântico consubstanciado pela região material da conduta, ponto de confluência das iniciativas reguladoras do comportamento intersubjetivo; e onde se verificam as inesgotáveis manifestações dos fatores pragmáticos, tudo isto, repito, traz ao estudo do fenômeno jurídico complexidades imensas. O cientista se vê num emaranhando de providências que, por certo, não recomendam sua atividade como algo de fácil desempenho.

Daí a atenção de cortar cerce o problema, ofertando soluções simplistas e descomprometidas, como ocorre, por exemplo, com a canhestra "interpretação literal" das formulações normativas, que leva consigo a doce ilusão de que as regras do direito podem ser isoladas do sistema e, analisadas na sua compostura frásica, desde logo "compreendidas".

* * *

Enganam-se aqueles que admitem a retórica apenas como expediente da função persuasiva, estruturada para facilitar o convencimento de quem recebe o impacto da enunciação. Inexiste a "não retórica" e a contrarretórica é retórica também. Resta saber qual a intensidade de sua utilização nos diversos tipos de linguagem. Os recursos a serem utilizados pelo cientista variam segundo a região ôntica do objeto a ser descrito. Há um tipo de veemência recomendado para o domínio entre entes físico-naturais; outro para o dos ideais e ainda outro para o dos culturais, levando-se em conta, neste setor, a multiplicidade imensa das manifestações objetais. Tudo para advertir, de maneira incisiva, que não é qualquer torneio retórico que convém ao discurso da Ciência do Direito. É impossível, porém, estipular o espaço de variação da possibilidade retórica no recinto do jurídico, mesmo porque um é o do direito posto, outro o da dogmática. Simplesmente isso. Caberá à intuição, tomada aqui como órgão, aliás o mais poderoso instrumento cognoscitivo, a chamada "ciência direta", sugerir os critérios de avaliação do *quantum* de argumentação retórica que deve ser empregada na construção do discurso científico, evitando, por todo o modo, a logomaquia e tantas extravagâncias que rondam e ameaçam a pena de quem escreve.

8. Axiomas da interpretação: intertextualidade e inesgotabilidade

Venho afirmando que interpretar o direito consiste em conhecê-lo, atribuindo valores aos símbolos, vale dizer, adjudicando-lhes significações e, por meio dessas, fazendo referência aos objetos do mundo, na linha dos ensinamentos de Lourival Vilanova. A interpretação pressupõe o trabalho de enfrentar o percurso gerador de sentido, propiciando ao texto dialogar com outros textos, no caminho da intertextualidade, onde se instala a conversação da mensagem com outras mensagens, passadas, presentes e futuras, numa trajetória sem fim, expressão da inesgotabilidade.

Esses são os pontos que sustentam o trabalho interpretativo, como axiomas da interpretação: intertextualidade e inesgotabilidade. Quanto ao primeiro deles, convém registrar que os textos, assim que inseridos no sistema, iniciam a conversação com outros conteúdos, intrassistêmicos e extrassistêmicos, num denso intercâmbio de comunicações. Normas de lei ordinária dialogando com escritos constitucionais, com outras regras já revogadas, com dispositivos insertos em atos normativos infralegais, além das conversações que se estabelecem com mensagens advindas dos mais diversos setores do direito posto. Com o advento da lei nova, institui-se complexa e extensa rede de comunicações jurídicas e extrajurídicas, repito, perfazendo o universo do conteúdo, delimitado, unicamente, pelos horizontes de nossa cultura. A inesgotabilidade, por sua vez, decorre da ideia de que toda a interpretação é infinita, nunca restrita a determinado campo semântico, provindo, daí, a inferência de que todo texto poderá ser sempre reinterpretado.

Segundo os padrões da moderna Ciência da Interpretação, o sujeito do conhecimento não "extrai" ou "descobre" o sentido que se achava oculto no texto. Ele o "constrói" em função de sua ideologia e, principalmente, dentro dos limites de seu "mundo", quer significar, do seu universo de linguagem. Exsurge, com muita força, o axioma da inesgotabilidade do sentido – ao lado da intertextualidade – que opera não só no território do sistema do direito positivo, mas o transcende, na direção de outros segmentos do saber.

Os predicados da inesgotabilidade e da intertextualidade não significam, porém, ausência de limites para a tarefa interpretativa. A interpretação toma por base o texto: nele tem início, por ele se conduz e, até o intercâmbio com outros discursos, instaura-se a partir dele. Ora, o texto de que falamos é o jurídico-positivo e o ingresso no plano de seu conteúdo tem de levar em conta as diretrizes do sistema. Em princípio, como bem salientou Kelsen, teríamos molduras dentro das quais múltiplas significações podem ser inseridas. Mas esse é apenas um ponto de vista sobre a linguagem das normas, mais precisamente aquele que privilegia o ângulo sintático ou lógico. Claro está que, no processo de produção normativa, os aplicadores lidam com os materiais semânticos ocorrentes na cadeia de positivação, pois não teria cabimento prescindir dos conteúdos concretos, justamente aqueles que se aproximam das condutas interpessoais, postulando implementar os valores e as estimativas que a sociedade adota.

* * *

A interpretação do direito, como insistiu Kelsen, é um ato de conhecimento e um ato de decisão política. Ao selecionar as significações possíveis é fundamental o domínio dos recursos da dogmática. Entretanto, a Ciência não dá critério seguro e determinado para que o intérprete escolha esta ou aquela alternativa. A eleição é, substancialmente, um ato de vontade, em que surge o homem, na plenitude de sua constituição psicofísica, com suas virtudes e suas fraquezas, portador de uma pauta axiológica que lhe é própria e que foi colhida no curso de sua existência. Qualquer teoria que invoque para justificar a opção adotada não estará certa ou errada, à luz de parâmetros científicos. Virá, sim, carregada de maior ou menor capacidade explicativa.

* * *

Realmente, o volume e a complexidade do nosso sistema normativo, no contexto das pretensões de cunho fiscal, têm suscitado incontadas dúvidas e gerado inusitadas controvérsias. Nem sempre, aqui, se põe a salvo o contribuinte, dos excessos e extravagâncias da entidade que tributa; mais pelo teor problemático do entrechoque de dispositivos e orientações, exaradas no corpo do direito positivo, que, propriamente, por virtude da ausência de especialistas na matéria, ou de qualquer eiva de subjetividade, desfavorável aos anseios legítimos daquele de quem se exige a prestação pecuniária. A incessante atividade legislativa, nesse campo, entendendo-se o adjetivo na acepção mais larga de suas proporções semânticas, envolve o intérprete, atalhado e perplexo, no enredo de normas jurídicas que muitas vezes não oferecem o mínimo de clareza e a indispensável garantia que direitos tão sobranceiros fazem por reclamar.

A sistematização é imperiosa, e o labor exegético, que organiza e compõe, buscando a simetria dos institutos e a lógica das articulações, aparece como a solução tangível e o caminho das luzes para a compreensão do assunto.

* * *

Há um fenômeno jurídico subjacente ao modo pelo qual o direito escrito aparece à nossa intuição sensível. O jurista, atento à linguagem técnica empregada pelo legislador, seja ele o Parlamento, o Poder Judiciário, o Poder Executivo ou o próprio setor privado, o jurista, repito, constrói o sentido que outorga ao documento normativo. A compostura dos institutos, categorias e formas do direito posto avêm dessa relação entre o sujeito do conhecimento e o objetivo do qual se aproxima. É obra do espírito humano, premido pelas circunstâncias que o tornam um ser carente e finito; é objeto cultural; é aquele espírito objetivo a que se referiu Hegel.

* * *

Os postulados da intertextualidade e da inesgotabilidade das produções de sentido fazem dos textos em geral e, particularmente, daqueles que se dirigem à organização das condutas inter-humanas, um campo aberto às construções do espírito, limitado apenas pelos horizontes de nossa cultura. Nesse território, a relativização do conhecimento assume proporções impressionantes, exteriorizando-se na multiplicidade imensa de conflitos de interesses compostos pelo Poder Judiciário. Dizendo o direito que vale e, desse modo, aquele que haverá de ser coativamente exigido, o Estado-administração corta a cadeia interminável de possibilidades interpretativas, estabelecendo direção axiológica e certeza para a região dos comportamentos intersubjetivos.

Se tal é o cenário do direito, como um todo, é preciso dizer que alguns ramos jurídico-positivos são tratados com mais rigor, maior precisão, são mais ajustados semanticamente, sobrando menos espaço para as evoluções imaginativas e para os impulsos sentimentais e ideológicos que impelem o homem pelos domínios das infinitas combinações de sentido das palavras. Refiro-me aos setores do Direito Penal e do Direito Tributário que tutelam valores relevantíssimos para o convívio entre as pessoas, certo de que a estática da literalidade textual não condiciona a estática dos conceitos normativos. Pelo contrário, a pragmática da comunicação jurídica atua sempre, independentemente da imobilidade do suporte material em que se apoia o significado. E a dimensão significativa dos textos vai assumindo outras configurações e suscitando novas compreensões.

Os estudos de Direito Penal e, na amplitude de seus paradigmas, de Direito Tributário, propõem, em certa medida, a segurança de que a autoridade que legisla pretende atingir condutas determinadas, imprimindo direção incisiva ao fluxo das interações humanas. Tal objetivo é reiteradamente explícito, estimulando o sentimento residual de que a sociedade espera respostas firmes de cada um de nós, sob pena de mobilizar seu aparato coativo e cobrá-las mesmo contra nossa vontade. Claro está que nada disso seria possível sem o ajuste articulado das normas do Direito Processual com seus mecanismos específicos e suas fórmulas estratégicas de amparar direitos e prerrogativas, outorgando-lhes teor de juridicidade.

* * *

Lembremo-nos de que a realidade é sempre mais rica em determinação que o seu correspondente conceito, e este mais pobre que a intuição dessa mesma realidade. Daí a multiplicidade possível de traços caracterizadores da matéria que tomamos por linguagem-objeto e a presença implacável do primado da inesgotabilidade do sentido.

Por outro lado, transformou-se em curioso modismo tecer críticas ao saber dogmático, que já teria cumprido seu tempo, devendo ceder espaço, agora, a outros tipos de conhecimento. Parece até que a interdisciplinaridade, como forma de articular os conceitos da experiência, teria tido a virtude de suplantar os diferentes meios pelos quais o sujeito dela se aproxima, dispensando o trato inicial com as "disciplinas". A isso, chamo de avanço precipitado do espírito humano, muitas vezes irrefletido, mas, no fundo, confiante de que, logo depois, a reflexão epistemológica incidirá sobre tais acréscimos, preparando o rescaldo de cultura que terminará prevalecendo.

Há várias atitudes cognoscentes perante o objeto "direito positivo", entre elas, a da Sociologia Jurídica, a da Antropologia Cultural do Direito, a da História do Direito, a da Psicologia Social do Direito, a da Política do Direito, a da Dogmática Jurídica, além das muitas teorias sobre análise do discurso que fixam sua atenção também no "direito posto".

Tendo satisfeito os requisitos do chamado "conhecimento científico", segundo o modelo de ciência adotado pelo agente da investigação, não há como estabelecer hierarquia entre essas várias propostas descritivas e, muito menos, outorgar foros especiais à interpretação desses segmentos, metodologicamente construídos, em obséquio a um saber interdisciplinar. Penso que o roteiro há de ser este: de primeiro, travar contato com as disciplinas; somente depois armar a proposta de seu inter-relacionamento, no trajeto de uma visão mais ampla e abrangente.

Por mais interesse que possa despertar o tratamento associativo entre as várias tomadas investigatórias, impõe-se considerar a Dogmática como Ciência do Direito em sentido estrito, ocupando posição significativa no quadro geral do saber científico que incide nessa área do relacionamento entre os homens.

* * *

A interpretação é inesgotável, o que importa reconhecer que os processos de geração de sentido continuam, incessantemente, acompanhando a obra ao longo de sua existência. Os fatores pragmáticos que interferem na sequência discursiva, todavia, estarão sempre reivindicando alterações do texto, de tal sorte que convém ao autor, de tempos em tempos, rever os conteúdos de seu pensamento, objetivados em linguagem, para atualizar o trabalho.

9. Interdisciplinaridade, disciplinaridade e teoria dos sistemas

A escolha do caráter disciplinar ou interdisciplinar, como estratégia para a construção do discurso científico, além de opção incontornável, continua sendo tema discutido nos círculos epistemológicos, juntamente com a própria amplitude da inter-relação das disciplinas, conteúdo de outra decisão a ser tomada pelo cientista. Tudo para perseguir aquele *quantum* de objetividade que pretende ter contraparte na carga mínima de subjetividade.

O conhecimento científico do fenômeno social, seja ele qual for, advém da experiência, aparecendo sempre como uma síntese necessariamente *a posteriori*. Ele, o fato social, na sua congênita e inesgotável plurilateralidade de aspectos reivindica, enquanto objeto, uma sequência de incisões que lhe modelem o formato para a adequada apreensão do espírito humano. Está presente nessa atividade tanto a objetivação do sujeito como a subjetivação do objeto, em pleno relacionamento dialético. Isso impede a concepção do "fato puro", seja ele econômico, histórico, político, jurídico ou qualquer outra qualidade que se lhe pretenda atribuir. Tais fatos, como bem salienta Lourival Vilanova, são elaborações conceptuais, subprodutos de técnicas de depuração de ideias seletivamente ordenadas. Não acredito ser possível, por isso mesmo, isolar-se, dentro do social, o fato jurídico, sem uma série de cortes e recortes que representem, numa ascese temporária, o despojamento daquele fato cultural maior de suas colorações políticas, econômicas, éticas, históricas etc., bem como dos resquícios de envolvimento do observador, no fluxo inquieto de sua estrutura emocional.

Sem disciplinas, é claro, não teremos as interdisciplinas, mas o próprio saber disciplinar, em função do princípio da intertextualidade, avança na direção dos outros setores do conhecimento, buscando a indispensável complementariedade. O paradoxo é inevitável: o disciplinar leva ao interdisciplinar e este último faz retornar ao primeiro. A relação de implicação e polaridade, tão presente no pensamento de Miguel Reale, manifesta-se também aqui, uma vez que o perfil metódico que venha a ser adotado, se-lo-á, certamente, para demarcar uma porção da cultura.

Dois outros obstáculos, na forma de desafios, estarão no caminho do estudioso, mesmo que se admita superada aquela situação paradoxal: (i) quais as proporções do corte e (ii) que critérios utilizar para a condução do raciocínio no trato com o objeto já constituído (digamos, recortado)?

Aquilo que podemos esperar de quem empreenda a aventura do conhecimento, no campo do social, a esta altura, é uma atitude de reflexão, de prudência, em respeito mesmo às intrínsecas limitações e à própria finitude do ser humano. Essa tomada de consciência, contudo, não pode representar a renúncia do seguir adiante, expressa nas decisões que lhe parecerem mais sustentáveis ao seu projeto descritivo.

As relações entre os subdomínios do direito e da política, no âmbito funcional dos tribunais judiciários, constituem o núcleo central de interesse, expandindo-se numa visão sistêmica, segundo a concepção luhmanniana. Aliás, penso residir, nesse ponto, a satisfação daquela segunda exigência metodológica, vale ressaltar, o modo de ver e de descrever os vínculos que presidem a junção desses setores num todo de maiores proporções. O primeiro item exauriu-se com a eleição dos subsistemas jurídico e político, significando um pôr, entre parênteses, outros relacionamentos intersistêmicos, perfeitamente autorizados na multiplicidade do real-social, mas que tornariam impraticável a efetiva busca dos objetivos pretendidos.

Desse modo, circunscrevendo a análise aos dois segmentos indicados do mundo social, fechados operacionalmente, porém abertos em termos cognitivos, vai orientando seu pensamento, sempre atento à direção apontada pelas categorias do modelo de Luhmann, que as faz sentir ao leitor com grande intensidade, para mostrar que o sistema jurídico e o sistema político, conquanto autorreferenciais, funcionam como estruturas acopladas.

É importante que isso fique bem claro, principalmente porque o dado conhecido e a observação mesma, de acordo com o humanista alemão, são construções de quem observa, o que desde logo insere a Ciência do Direito na esfera do sistema jurídico. Não se trataria mais de mera metalinguagem, falando da linguagem-objeto, todavia da "função metalinguística", exercitada num único estrato de linguagem.

* * *

A noção de *sistema (a forma das formas)*, como o topo do racional, deve muito às investigações e à própria elaboração filosófica do *direito natural*. Os estudos teológicos, decisivos para a formação do conceito, expandiram-se para os setores do conhecimento, invadindo todos os planos do saber, a começar por aqueles inerentes às chamadas ciências exatas. Finda a idade média e nos albores dos tempos modernos, a seriedade dos estudos e o desenvolvimento das pesquisas mantiveram relação direta de implicação com essa ideia do pensar organizado, de tal sorte que *conhecer algum assunto passou a significar o domínio da multiplicidade das informações colhidas na experiência para oferecê-las na forma superior de sistema*. Ao lado disso, o crescimento da importância das discussões sobre os direitos fundamentais, tendo em vista a salvaguarda de valores e a preservação das conquistas já obtidas pela humanidade, acelerou reflexões e deu sustentação a essa tendência. Agora, aproveito para dizer que nada disso teria sido possível sem uma tomada de posição firme naquele campo da filosofia que focaliza o ser humano no que há de mais profundo em sua integridade constitutivo-relacional. Refiro-me à visão antropológica, situada na raiz mesma do pensamento sobre o homem em todas as instâncias de sua existência, como, por exemplo, na representação das quatro regiões ônticas, segundo a classificação de Husserl, teoria eminentemente antropocêntrica.

Pois bem, mais do que procedentes, penso ser imprescindíveis as cogitações de ordem filosófica em qualquer discurso que se pretenda bem estruturado, independentemente do setor a que se refira.

* * *

Não é demasiado insistir que a técnica vive das construções da ciência, outorgando-lhe o retorno tão esperado para a confirmação de suas teorias e, da mesma forma, o saber científico se alimenta das meditações filosóficas, servindo-lhes de campo fecundo para os testes empíricos justificadores da procedência de suas elaborações cerebrinas. Feliz a mente daquele que viceja nos domínios da liberdade e, portanto, seu espírito pode vagar no espaço infinito das ideias, à cata de paradigmas que o satisfaça!

O Direito costuma ser visto por muitas perspectivas, todas elas nutridas pela convicção de suficiência e aptidão para abranger o conteúdo observado, discutindo-lhe as minúcias. Tais propostas vêm amparadas por suportes axiológicos identificáveis, de modo que não se torna difícil classificá-las e subclassificá-las para a boa compreensão da marcha evolutiva do conhecimento jurídico. Apenas para lembrar, ao lado de uma visão cultural, de corte histórico, sociológico, político, antropológico ou dogmático do Direito e das doutrinas positivistas e realistas, além de outras, há os modelos de caráter institucional, sistêmico, normativo, relacional, linguístico e semiótico, abrindo-se, este último, nas dimensões de acento lógico, semântico ou pragmático. De fato, são muitos os modos de aproximação com a matéria que faz aqui nossos cuidados! Ora, se pensarmos que essas meras tendências se combinam em formações bi, tri ou multilaterais, impregnadas por crenças e ideologias de colorações diversas, certamente começam a aparecer complexidades que o avanço da pesquisa vai acendendo em nosso espírito. Pontes de Miranda, por exemplo, a despeito de praticar um sociologismo positivista, imerso num naturalismo às vezes exacerbado, explorava ao máximo as funções relacionais do direito, conhecedor profundo que sempre foi da teoria das relações e de seus desdobramentos lógicos. A escolha da corrente filosófica onde nosso pensamento vai plantar os alicerces do saber científico torna-se algo penoso exatamente pela presença desses plexos de orientações, organizados antes pelas circunstâncias histórico-culturais da humanidade e só depois pelo planejamento retórico daqueles que são referências intelectuais nos horizontes da especulação científica.

Como decorrência dessa análise, renascem os fundamentos da velha e surrada Ciência das Finanças que, imbele, faliu já na metade do século passado. Aquela mesma disciplina que pretendeu estudar o tributo por todos os ângulos possíveis e imaginários, acabou por deixá-lo relegado à condição de figura canhestra, esmaecida, descaracterizada no seu perfil e, finalmente, coberta por densa nebulosidade. Ei-la agora restaurada, revitalizada nos seus fundamentos e apta para prover as informações e argumentos de que necessitam as grandes decisões jurídicas, tendo em vista os padrões de coerência e harmonia que hão de manter com os fins do Estado pós-moderno.

E uma delas se situa no próprio significado da mensagem de Becker. Apesar de seu nome – *Teoria Geral do Direito Tributário* –, a obra não foi concebida como proposta de cunho teorético. Longe disso. Alfredo, com esse trabalho, revolucionou o mundo jurídico de seu tempo, como se fora um grito rouco, mas insistente, vazado numa retórica inusitada para livros jurídicos, extremamente forte, alertando as consciências para uma situação cientificamente insustentável: os juristas, preparados para manifestar-se sobre as dificuldades de seu mundo específico de atuação, estavam percorrendo segmentos estranhos, falando sobre Economia, doutrinas morais, Política, Antropologia, Sociologia, Psicologia Social, assuntos para os quais não estavam autorizados a fazer declarações mais graves e aturadas. E tudo isso sob o pretexto de fortalecer suas interpretações, expedindo juízos conclusivos sobre matérias de alta indagação jurídica, como efetivamente são os temas tributários, já que tocam em dois valores fundamentais do ser humano: a liberdade e o direito de propriedade. Esse grito a que me refiro se encaixa numa cosmovisão jurídica, como não poderia deixar de ser. Todavia, para quem quiser compreender bem o pensamento de Becker, o foco não deve ser o de sua teoria, mas sim o da porção de significado que esse "grito" assume, no momento histórico em que foi proferido. No prefácio às últimas edições de sua obra, fiz questão de consignar o depoimento de Dino Jarach: "ainda que não concorde com certas conclusões, devo reconhecer tratar-se do livro mais inteligente que li nos últimos tempos".

Alfredo Augusto não se conformava com algo que tinha por muito simples: o jurista não tem preparo, acadêmico, técnico científico ou profissional para emitir juízos em outros campos, que não o seu, o estritamente jurídico. Quando o faz, não emprega, como é óbvio, a linguagem científica própria da área, mas os jargões do falar natural, ordinário, cotidiano, aquele mesmo que está franqueado a todos. Não nos esqueçamos de que os economistas conhecem mais Economia que o jurista, ocorrendo outro tanto com os especialistas dos demais segmentos do saber. A opinião do jurista, nesses terrenos, segue a sorte dos palpites, das opiniões vulgares, comuns a todo o povo. Ora, como admitir que argumentos desse nível, na ordem do conhecimento, venham a compor o raciocínio que vai justificar a decisão jurídica? O magistrado pode ater-se a eles para construir sua convicção e alimentar os termos do discurso, porém nunca para oferecer os fundamentos da decisão jurídica que vai expedir. Tal linha de intersecção deve ficar bem clara: informações de índole estranha serão muito úteis para enriquecer a sequência discursiva, mas quando for o momento de sustentar a decisão jurisdicional somente serão admitidos os de caráter exclusivamente jurídico e é esse o domínio de que cuida a Ciência do Direito em sentido estrito. E levando ao exagero, para ilustrar a ideia, comentava Becker: "do jeito que as coisas caminham, logo logo os bacharéis em Direito estarão subscrevendo prescrições médicas e expedindo receitas de medicamentos".

O grito de Becker encontrou eco, no Brasil e fora dele. Influenciou e continua influenciando gerações. A pureza do Direito, pela qual tanto lutou, é condição inafastável para atribuir-lhe dignidade científica. E representa um passo decisivo para que o jurista, em se respeitando, possa respeitar também as outras instâncias do saber, possibilitando ampla conversação entre disciplinas, à que chamamos de interdisciplinariedade. Aliás, disciplinariedade e interdisciplinariedade são termos que se coimplicam: um depende do outro, pelo que a disputa pela primazia nos leva ao paradoxo, pois o conhecimento disciplinar é pressuposto da visão interdisciplinar que, como o nome está denunciando, remete inexoravelmente ao primeiro.

A breve nota que adscrevi dista de ser uma rejeição à tese consequencialista. Trata-se de uma palavra de alerta para os perigos do excesso no manejo de materiais extrajurídicos e uma advertência histórica gerada por tudo quanto passou a sociedade brasileira na sua experiência com os tributos. O Direito quer-se conhecido como ciência e cabe à Teoria Jurídico-científica fazê-lo. Seu emprego na disciplina das condutas intersubjetivas, nos anseios pela concretização dos valores fundamentais, na busca incessante da realização do bem comum, entretanto, há de receber o apoio de todos os demais saberes, jurídicos ou não, e será certamente nesse espaço grandioso que tais conhecimentos virão enriquecer a compreensão das diretrizes significativas dos nossos tribunais. Preservemos a pureza das ciências para podermos ingressar no plano técnico de sua aplicação às realidades a que se destinam. O consequencialismo, no nosso caso, inspira o momento técnico em que nos propomos buscar os efeitos do objeto jurídico para atingirmos certos ideais. Não é o instante mais recomendável para indagarmos da pureza intrínseca do instrumento "Direito". Aloja-se melhor nos domínios da pragmática da comunicação jurídica.

* * *

Mais do que mera presença de proposições descritivas de origens estranhas, a doutrina do Direito tributário ostentou, durante considerável espaço de tempo, a confluência de métodos diversos, naquela "mancebia irregular" a que se referiu Alfredo Augusto Becker. E o resultado foi o que todos sabem: a falência, enquanto "conhecimento multidisciplinar", da nossa velha "Ciência das Finanças", que ousou ter a pretensão de relatar a atividade financeira cada ciência cabe um, e somente um método, seria, como foi, tentativa vã de descrever o mesmo objeto segundo ângulos cognoscentes distintos: econômico, histórico, antropológico, jurídico, ético e tantos mais.

Apoiada na pureza metodológica kelseniana, devidamente refletida no empirismo lógico do "círculo de Viena", a reação foi de certo modo radical, afastando da cogitação da Ciência do Direito, em sentido estrito, matérias que, a princípio, eram consideradas Contábeis, malgrado o extenso plano desse setor coberto pela juridicidade. Hoje, o funcionamento das sociedades civis e comerciais está amplamente prescrito no direito positivo brasileiro, de tal modo que, conhecer tais campos significa, também, travar contato com os preceitos jurídicos que lhes governam os passos. Penso residir aqui o excesso a que me referi. A pretexto de repudiar o que não fosse estritamente jurídico, a comunidade científica acabou desprezando domínios importantes para a disciplina das condutas inter-humanas.

Todo aquele que pretender aproximar-se da vida dessas sociedades indispensáveis para a movimentação econômica do país, verá que o trato com o direito tributário requer a consideração direta da linguagem contábil-fiscal, com sua particularíssima simbologia, cuidadosamente juridicizada pela legislação específica. A Lei das Sociedades Anônimas, por exemplo, consagra porção expressiva de formulações oriundas das Ciências Contábeis, o que equivale a absorver tais conteúdos, outorgando-lhes relevância para o direito.

Os chamados "fatos contábeis" são construções de linguagem, governadas pelas diretrizes de um sistema organizado para registrar ocorrências escriturais, articulando-as num todo carregado de sentido objetivo.

Quando o direito se ocupa dessa trama sígnica, fazendo sobre ela incidir sua linguagem deôntica, temos o jurídico-prescritivo empregado na condição de metalinguagem, isto é, de linguagem de sobrenível, e a Ciência do Direito Tributário operando como metalinguagem, porém de caráter descritivo.

Poder-se-ia advertir que sempre tudo se passa assim, porquanto as normas jurídicas estariam, invariavelmente, percutindo sobre a linguagem, do social, com o que estou de acordo. Todavia, no caso dos registros contábeis, essa linguagem se interpõe acima da linguagem social e abaixo da camada linguística do direito posto. É um estrato a mais, que o cientista do Direito não pode esquecer, tratado como se trata, de um discurso voltado para uma finalidade precípua, qual seja a de estabelecer o procedimento técnico indispensável ao estabelecimento intersubjetivo dos fatos relevantes para o convívio socioeconômico. Os sistemas contábeis, com suas regras de formação e de transformação rigorosamente explicitados, dão espaço a um cálculo operacional próprio, além de toda a gama de dificuldades de cunho semântico e pragmático que sabemos existir.

* * *

As questões mais difíceis acerca do caráter disciplinar ou interdisciplinar do conhecimento científico perdem substância diante do reconhecimento inevitável da intertextualidade. Tomado o saber da ciência como algo que se apresenta invariavelmente em linguagem, constituindo-se na forma e no sentido de texto, não teria propósito sustentar o projeto do isolamento disciplinar sem ferir de maneira frontal o axioma da intertextualidade. Simultaneamente, porém, não haveria cabimento falar-se numa interdisciplinaridade prescindindo-se do valor individual das disciplinas postas em relação, o que significa reconhecer a bi-implicação desses conceitos.

Consignada a ressalva, é preciso dizer que a intertextualidade no Direito se apresenta em dois níveis bem característicos: (i) o estritamente jurídico, que se estabelece entre os vários ramos do ordenamento (intertextualidade, interna ou intrajurídica); e (ii) o chamado jurídico em acepção lata, abrangendo todos os setores que têm o Direito como objeto, mas o consideram sob ângulo externo, vale dizer, em relação com outras propostas cognoscentes, assim como a Sociologia do Direito, a História do Direito, a Antropologia Cultural do Direito etc. (intertextualidade externa ou extrajurídica). Quanto ao chamado "direito comparado", tanto cabe na primeira classe quanto na segunda, dependendo da perspectiva em que se coloque o sujeito do conhecimento.

Quando Kelsen põe acento na impossibilidade de separarmos até o Direito Público do Direito Privado, em termos metodológicos, proclamando a unidade do sistema de normas como imperativo da construção de uma ciência, já se nota a convicção firme de reconhecer a intertextualidade intrajurídica, chamando a atenção, pioneiramente, para seu caráter axiomático. Ora, como a demarcação do objeto científico é apenas o "corte" inicial no *continuum* heterogêneo da realidade circundante, para propiciar o *descontinuum* homogêneo de cada ciência em particular (Rickert), dentro deste último, muitos outros cortes e recortes podem ser traçados, dependendo das metas e dos objetivos de aprofundamento que o agente se proponha alcançar, preservada a condição de que permaneça aberta a via do retorno à esquematização inicial e seja sempre possível ao sujeito cientista combinar as classes e subclasses do domínio total, dentro, é claro, dos limites que a lógica do sistema permitir.

Sabemos, todavia, que a partir da fonte hermenêutica "leitura" haverá sempre a possibilidade do estabelecimento de novo percurso gerador de sentido que suscite outras compreensões, reabrindo os debates e estruturando dúvidas estimulantes.

10. "Giro linguístico" e incidência normativa

O *Tratatus logico-philosophicus* é marco decisivo na história do pensamento humano. Até Kant, a filosofia do ser; de Kant a Wittgenstein, a filosofia da consciência; e, de Wittgenstein aos nossos dias, a filosofia da linguagem, com o advento do "giro linguístico" e de todas as implicações que se abriram para a teoria da comunicação. Não estou entre aqueles que tomam o *Investigações filosóficas* como rejeição cabal do *tractatus*, vendo nele a autonegação da obra revolucionária do extraordinário pensador. Prefiro conceber "os jogos de linguagem" e tudo mais que está contido na segunda obra, como grande e corajosa revisão daquele impulso inicial que abalou as estruturas filosóficas tradicionais e que foi escrito em condições especialíssimas: nas trincheiras da Primeira Guerra Mundial. Além do que, claro, longe de imaginar que as proposições do livro, cuidadosamente ordenadas, teriam resolvido todos os problemas essenciais da filosofia. Aliás, o texto permite várias e desconcertantes leituras: desde que a fizeram os neopositivistas lógicos, até aqueles, de cunho metafísico, que salientam o sentido ético do *Tractatus*, dando como exemplo a proposição pela qual o que não é dizível cientificamente é a parte mais relevante, associada à ética e à religião. Há quem diga Wittgenstein acreditasse, de maneira apaixonada, que tudo de importante na vida humana seria precisamente aquilo sobre o que devemos calar. Seja como for, interessa-me agora a asserção *"falar uma linguagem faz parte de uma atividade ou de uma forma de vida"*, uma das cláusulas fundamentais da obra tida como derradeira desse autor considerando como a expressão maior do seu tempo. A nova concepção, dando origem à filosofia da linguagem ordinária, provocou aquilo que veio a chamar-se "giro linguístico", movimento dentro do qual estamos imersos, cada vez com maior intensidade, segundo penso.

* * *

Atravessamos o tempo do "giro-linguístico", concepção do mundo que progride, a velas pandas, seja nas declarações estridentes de seus adeptos mais fervorosos, quer no remo surdo das construções implícitas dos autores contemporâneos. A cada dia, com o cruzamento vertiginoso das comunicações, aquilo que fora tido como "verdade" dissolve-se num abrir e fechar de olhos, como se nunca tivesse existido, e emerge nova teoria para proclamar, em alto e bom som, também em nome da "verdade", o novo estado de coisas que o saber científico anuncia. Em exemplo recentíssimo, temos Plutão, "o nono planeta", que acaba de ser inapelavelmente desqualificado pelos "avanços" da Astronomia. Pequena substituição na camada de linguagem que outorgava àquela esfera celeste a condição de planeta foi o suficiente para desclassificá-lo, oferecendo à comunidade das ciências outro panorama do nosso sistema solar. Mas é curioso perceber que enquanto isso, indiferente às linguagens que nós produzimos sobre ele, Plutão continua cumprindo sua trajetória, como se nada houvesse acontecido.

Quanto Nietzsche asseverou que a ciência aspirava ao saber sem ater-se a suas eventuais consequências, já antevia modificações como essa, que estendem sobre nós o manto do ceticismo, porém não impedem o progresso do conhecimento e a marcha inexorável da pesquisa, levantando apenas novas conjecturas que propiciaram outras refutações, para lembrar Popper.

As conquistas do "giro" fazem sentir-se em todos os quadrantes da existência humana. Ali onde houver o fenômeno do conhecimento, estarão interessados, como fatores essenciais, o sujeito, o objeto e a possibilidade de o sujeito captar, ainda que a seu modo, a realidade desse objeto.

* * *

A aproximação dos povos, com o intenso cruzamento dos sistemas de comunicação, (é) a grande reviravolta dos nossos dias, circunstância que pode ser reconhecida por diferentes nomes, entre eles, certamente, por "globalização". E tais avanços estão comprometidos com as pesquisas semióticas, no seu mais amplo hemisfério de significações. O domínio dos sistemas lógicos fechados, associado às múltiplas conquistas da tecnologia, trouxe horizontes novos para o conhecimento, permitindo ao ser humano ingressar em campos até então inimagináveis. E o Direito, entre os objetos da cultura, está recebendo os influxos dessa revolução empreendida em todos os setores do saber.

É oportuno lembrar que as regras do direito incidem, jurisdicizando os acontecimentos do mundo e qualificando deonticamente as condutas, toda vez que o ser humano as aplicar, produzindo a linguagem própria. Tal se dá, invariavelmente, em contextos comunicacionais. Aceita a proposição afirmativa, ficarão afastadas, desde logo, as concepções que giram em torno da "incidência automática e infalível" das regras do direito, tão proclamadas pelas teorias convencionais, mas que acabavam por atribuir, às normas jurídicas, foros de onisciência e de onipresença. Com o "giro linguístico" e as inúmeras conquistas que advieram, aloja-se o tema, agora, no eixo das modernas investigações sobre o fenômeno da comunicação, ficando dispensado encarecer que o reposicionamento filosófico repercutiu no plano epistemológico, rendendo espaço à utilização dos modelos formulados pelas ciências da linguagem, com os múltiplos instrumentos hoje disponíveis.

Tomando consciência de sua dignidade pensante o ser humano assume prontamente uma atitude crítica perante o real e a vida, expressando sua constante inquietação. Os conceitos puros ou categoriais, como protoformas lógicas, abrem-se para receber os dados de fato da experiência, do real mesmo, em sua concreção existencial. A riqueza inesgotável do real requer a criação incessante de novos conceitos.

Dominando os conceitos da linguagem das coisas, as pessoas conquistam a sizetese e se tornam aptas para "situarem-se" na circunstância.

* * *

A desconstrução da verdade objetiva e a correspondente tomada de consciência dos limites intrínsecos do ser humano, com a subsequente ruína do modelo científico representado por métodos aplicáveis aos múltiplos setores da experiência física e social, indicam a assunção do movimento que se tornou conhecido por "giro linguístico", plantado no princípio da autorreferencialidade da linguagem. É a retórica, não como singelo domínio de técnicas de persuasão, mas, fundamentalmente, como o modelo filosófico adequado para a compreensão do mundo. Têm-se como não mais existente aquele espaço excessivamente privilegiado da racionalidade, apoiado nos auspiciosos resultados colhidos pela ciência, tão enaltecido e reverenciado nos tempos do iluminismo.

O abandono puro e simples da matriz convencional de recorte cartesiano poderia resvalar para um relativismo exacerbado, representando o perigo de nos movermos em direção ao anarquismo metodológico, sem perspectivas austeras para o projeto científico. Nada obstante, a Filosofia das Ciências continua sua trajetória, cogitando de recursos compatíveis com a produção de paradigmas novos, nos quais se estabeleçam conhecimentos rigorosos, desvencilhados do referencial implacável da "verdade absoluta", mas habilitados a manter de pé o prestígio do discurso científico nos domínios do saber.

É possível estruturar sistemas de objetivações que satisfaçam aos anseios do espírito, preservando a incomensurabilidade das teorias. Em outras palavras, firmado o pressuposto da indeterminabilidade da "verdade última", já que não consta haver tribunal credenciado para enunciá-la, isso não impediria a elaboração de um discurso preciso, consistente, dotado de força preditiva, porém com assomos de simplicidade, unificando fenômenos que pareceriam desconexos à compreensão daqueles que partissem do chamado "conhecimento vulgar".

Pondere-se: ultrapassar o modelo que trabalha com a "verdade absoluta", no âmbito da linguagem empregada em função descritiva, não significa prescindir dos valores "verdadeiro/falso". Obviamente, quem transmite uma notícia, uma informação, o faz "em nome da verdade", sem o que não teria sentido a proposição expedida a título de mensagem. Tal reconhecimento, contudo, não tolhe as livres especulações de nossa mente a respeito do valor metafísico "verdade". Há, portanto, duas dimensões operativas: (i) uma, de caráter eminentemente lógico, que advém da necessidade imanente ao ser humano de lidar com a "verdade" e com a "falsidade" das proposições; e (ii) outra, de índole ontológica, a concepção de "verdade" como valor filosófico.

* * *

A experiência jurídica, como toda a experiência, implica pressupostos, e o pressuposto básico, que está na raiz do (de seu) pensamento ora proposto, é o constructivismo radical representado pelo "giro linguístico", mediante o qual os discursos, sejam eles científicos ou metafísicos, não revelam uma realidade subjacente, mas a constituem e o fazem pela linguagem. Para tanto, aproveito(a)-me(se) das "tecnologias da linguagem" que floresceram no início da década de 1970, com as obras dos alemães Karl-Otto Apel e Jürgen Habermas, adotando a pragmática anglo-saxônica.

11. As influências da teoria comunicacional do direito

Em 2011, veio à luz o primeiro volume do *"Teoria Comunicacional do Direito: diálogo entre Brasil e Espanha"*, livro que tem prestado inestimável serviço como fonte legítima das proposições básicas desse movimento intelectual tão relevante para o direito contemporâneo. A contribuição de juristas espanhóis e brasileiros, lado a lado, provocou efeitos dialéticos interessantes, como se aqueles autores estivessem conversando mesmo, face a face, para tecer comentários sobre a concepção do direito enquanto fenômeno comunicacional. E a experiência foi alentadora, tendo aumentado a qualidade e o volume de questionamentos sobre o assunto, já por si tão abrangente.

Há estreitas relações entre a Teoria Comunicacional do Direto e o *Constructivismo Lógico-Semântico*. Os temas se encontram interligados, fazendo crer as enormes afinidades que os aproximam em termos de fundamentos filosóficos, assim como sob o ponto de vista metodológico. Chama a atenção as considerações do Professor Gregorio Robles sobre a *Teoria Comunicacional do Direito*, interpretação autêntica de sua concepção, desenvolvimento e estrutura. Há aspectos da composição teórica que se querem passados e repassados, tal a importância que assumem no contexto geral dessa proposta inovadora. Além do mais, lembro-me sempre do aforismo "*a repetição gera o novo*". Reiterar ideias, excluindo, por certo, as enunciações desnecessárias, é sempre dizê-las de outro modo; é apresentá-las com roupagens diferentes, o que significa inová-las de maneira especial para quem lida com a realidade invariavelmente manifestada em textos. E é assim que, entre outras considerações de grande valia, o jusfilósofo esclarece três pontos que faço questão de salientar:

i) A TCD (Teoria Comunicacional do Direito) se situa numa perspectiva *interna* ao Direito, participando das ações do jogo, ao passo que outras propostas cognoscentes o veem do ângulo *externo* (Sociologia Jurídica, Psicologia Social do Direito, Antropologia Jurídica, Economia, entre outras), observando-o de fora. Trata-se de opção do agente com referência ao objeto de análise, de tal sorte que haverá espaço para todas elas, que poderão encontrar-se em conversação ampla nos estudos interdisciplinares.

ii) Por manifestar-se o fenômeno jurídico, invariavelmente, pela linguagem, a TCD se automenciona: *Análise da linguagem dos juristas; Teoria dos Textos Jurídicos e Teoria hermenêutico-analítica do Direito.* Nessa região do saber o "*cerco inapelável da linguagem*" é algo muito forte e significativo.

iii) Em função desse último enfoque, a TCD se ocupa dos três níveis da investigação semiótica: lógico, semântico e pragmático, fazendo-os corresponder à *Teoria*

Formal do Direito, à Teoria da Dogmática Jurídica e à Teoria das Decisões Jurídicas.

Gregorio Robles chama a atenção para um traço sobremaneira importante: A Teoria Comunicacional do Direito, oferecendo novas perspectivas ao estudo do Jurídico, não é obra a ser concluída no lapso temporal de uma vida. Acentua, portanto, que a TCD é uma "*work in progress*", conclamando a todos os interessados para um regime de intensificação dos diálogos.

12. Filosofia do Direito e Filosofia da Linguagem

Tenho afirmado, insistentemente, sobre a importância de, ao examinar o sistema jurídico, atinar a seu meio exclusivo de manifestação: a linguagem. Não toda e qualquer linguagem, mas a verbal-escrita, em que se estabilizam as condutas intersubjetivas, ganhando objetividade no universo do discurso. A premissa do "cerco inapelável da linguagem" nos conduzirá, certamente, a uma concepção semiótica dos textos jurídicos, em que as dimensões sintáticas ou lógicas, semânticas e pragmáticas, funcionam como instrumentos preciosos do aprofundamento cognoscitivo.

Além disso, a presença de uma eficaz teoria das normas abre as portas ao cientista para uma série de evoluções que o pensamento pode organizar, na construção de sentidos adequados para compreender o sistema do direito posto. Orientar as condutas inter-humanas, com o fito de propiciar a realização de valores caros aos sentimentos sociais, num determinado setor do tempo histórico, tem sido o primordial objetivo do direito. Para atingir tal desiderato, a autoridade que legisla exerce ato de vontade, expresso por um "dever-ser" exteriorizado por meio de enunciados prescritivos. Com isso, o direito cria sua própria realidade, admitindo e conhecendo como reais apenas os fatos produzidos na forma linguística prevista pelo ordenamento.

* * *

Não existe aquilo que poderíamos chamar de linguagem "quimicamente pura". A qualificação de um texto como filosófico, científico, técnico ou de linguagem ordinária se rege pela dominância, apurada pelos princípios inerentes à coesão e à consistência. Associa-se a primeira às ideias de aglutinação, concentração, conexão entre argumentos, ao passo que a segunda nos conduz ao grau de sustentação que o grupamento oferece ao todo textual. Ambos os conceitos não se confundem, tendo suas especificidades. Ali onde houver a insistência de termos filosóficos, científicos, técnicos ou de linguagem natural, obviamente agrupados em porções significativas que possam caracterizá-los como prevalecentes ou preponderantes, perceberemos que o texto ficará impregnado por aquela tendência, por aquele "valor", de tal modo que se justifica chamá-lo de filosófico, científico, técnico ou vertido em linguagem ordinária ou natural.

Eis o caso das comunicações passadas com esta obra: são espaços em que predominam os termos da linguagem científica, pontuados por marcadores de conectividade com a linguagem da filosofia e da técnica, tecendo cadeias de referência e progressões temáticas que confirmam esse nível de qualificação textual.

* * *

Penso que nos dias atuais seja problemático tratar do jurídico sem atinar a seu meio exclusivo de manifestação: a linguagem. Não, toda e qualquer linguagem, mas a verbal-escrita, em que se estabilizam as condutas intersubjetivas, ganhando objetividade no universo do discurso. E o pressuposto do cerco inapelável da linguagem nos conduzirá, certamente, a uma concepção semiótica dos textos jurídicos, em que as dimensões sintáticas ou lógicas, semânticas e pragmáticas funcionam como instrumentos preciosos do aprofundamento cognoscitivo.

Além disso, a presença de uma eficaz teoria das normas abre as portas do cientista para uma série de evoluções que o pensamento pode empreender, na construção de sentidos adequados para compreender o sistema do direito posto.

No primeiro plano, a adoção da teoria da regra-matriz, segundo me parece, outorga inegável caráter de potencialização ao pensamento do sujeito que investiga, instrumentalizando-o para explorar camadas mais profundas da linguagem do direito posto. Na instância seguinte, o isolamento da incidência como atividade de feição lógica, composta pelas operações de subsunção e de subsequente implicação, não só decompõe algo que não fora estudado com mais vagar, em outros tempos, como deixa assentado que o ser humano, e só ele, com seu aparato mental, autor de um ato de fala que manifesta o teor de sua vontade, poderá fazer com que a "norma incida", aplicando a regra geral e abstrata às situações concretas do mundo. Na outra parte estão os preciosos efeitos da realização do fato jurídico, isto é, o relato em linguagem de um evento que teria ocorrido no domínio dos objetos da experiência e sua implicação inexorável: o nascimento da obrigação tributária.

* * *

Já dissera Lourival Vilanova, com a convincente força de sua argumentação, que não há o fato puro, seja ele jurídico ou econômico, histórico ou psicológico, físico, biológico, político ou qualificado da maneira que melhor nos aprouver. Fato é que o recorte de linguagem que o observador promove consoante os interesses e as necessidades inerentes ao caráter de seu estudo. Aliás, se pretendermos uma fórmula mais intensa e penetrante, quando o *factum* aparece no âmbito do desenvolvimento textual, já comparece recortado por uma das propostas cognoscentes possíveis, de tal modo que antes de sua demarcação conviria falar em "evento". Fato é enunciado linguístico que assenta, de modo protocolar, o registro da ocorrência, sendo certo que o mesmo evento pode ser objeto de infinitas apresentações, enquanto mensagem transmitida no contexto comunicacional.

Ora, isso transporta nosso raciocínio à ilação, tão simples quanto eficaz, porém, de certificação rápida, de que não há, nem pode haver, fato jurídico com subjacência econômica ou política ou histórica, como sempre nos acostumamos a ouvir. É ínsito ao fato jurídico ser exclusivamente jurídico, como ao fato econômico ter, em seu subsolo, algo identificável com o fenômeno econômico a que se refere. Tal proposição afirmativa em nada prejudica subsequentes construções interdisciplinares e a relevância dessa premissa transcende o valor que possamos atribuir-lhe no desenvolvimento discursivo. (...).

* * *

Alguns perguntarão para que serve entrar com novas categorias, introduzir conceitos de outras disciplinas, combinando-os em estruturas pouco frequentes nos domínios do direito, para, de tudo isso, chegar a conclusões que distem de atingir aquela objetividade que todos nós desejamos e que nos conduziria, como num sonho, à indestrutível certeza da evidência. Claro que a indagação não pode ser levada a sério. As ciências todas, tanto as que se ocupam com a descritividade dos fatos naturais, quanto aquelas que focalizam a atenção nos acontecimentos de índole sociocultural, todas elas, repito, vivem à caça de nomes para designar, conotativa ou denotativamente, os fenômenos recolhidos pela percepção, pela imaginação, pela sensação, pela lembrança e pelas outras formas de consciência.

A expansão do conhecimento é uma função do alargamento dos modos de exprimir-se o mundo, no contexto da linguagem que corta e recorta, em todas as direções, o tecido da vida social. É precisamente aquilo de que se dera conta o próprio autor quando se referiu, em seu primeiro livro, ao tão comentado "cerco inapelável da linguagem". Mas um cerco que tende a dilatar-se, a ampliar-se, que se supera a cada instante e que ameaça transcender-se para tocar, ainda que levemente, os objetos da experiência, sem, contudo, poder fazê-lo. As fronteiras do nosso existir são, antes de mais anda, limitações de caráter lógico, como dimensões expressivas da linguagem que utilizamos para manter contato com o mundo e, dessa maneira, prover nossa sobrevivência enquanto seres humanos. Está cada vez mais vivo o impacto causado pela frase simples e despretensiosa de William James, segundo a qual "a palavra 'cão' não morde", a que poderíamos acrescentar tantas outras, como "a palavra 'fogo' também não queima".

* * *

O direito, tomado como um grande fato comunicacional, é concepção relativamente recente, tendo em vista a perspectiva histórica, numa análise longitudinal da realidade. Situa-se, como não poderia deixar de ser, no marco da filosofia da linguagem, mas pressupõe interessante combinação entre o método analítico e a hermenêutica, fazendo avançar seu programa de estruturação de uma nova e instigante Teoria do Direito, que se ocupa das normas jurídicas enquanto mensagens produzidas pela autoridade competente e dirigidas aos integrantes da comunidade social. Tais mensagens vêm animadas pelo tom da juridicidade, isto é, são prescritivas de condutas, orientando o comportamento das pessoas de tal modo que se estabeleçam os valores presentes na consciência coletiva.

O direito como sistema de comunicação, cujas unidades são ações comunicativas e, como tais e enquanto tais, devem ser observadas e exploradas, impõe que qualquer iniciativa para aprofundar o estudo desses fenômenos leve em conta o conjunto como um todo, percorrendo o estudo do emitente, da mensagem, do meio e do receptor, devidamente integrados no processo dialético do acontecimento comunicacional.

Tenho a firme convicção de que essa proposta epistemológica é sumamente enriquecedora, oferecendo perspectivas valiosas para quem se aproxima do direito em atitude cognoscente. E o testemunho vivo desse reconhecimento já está consignado em numerosos escritos da dogmática brasileira, principalmente no campo do Direito Tributário. A investigação do fenômeno jurídico, com os recursos da Teoria Comunicacional, possibilitou atingir níveis mais profundos de observação e também desenvolver uma análise mais fina e penetrante do trabalho construtivo da Ciência. Essa perspectiva sacode a consciência e mexe com as concepções convencionais que estamos acostumados a lidar.

O direito, no seu particularíssimo modo de existir, manifesta-se necessariamente na forma de linguagem. E linguagem é texto. Agora, a proposição segundo a qual "tudo é texto", o chamado "cerco inapelável da linguagem", como asserção filosófica da mais alta indagação, não nos cabe discutir neste espaço e nesta oportunidade.

* * *

A intensidade da comunicação jurídica, simples parcela do fenômeno maior da comunicação social, acelerou significativamente os aspectos positivos e negativos que acompanham a produção dos atos de fala nos domínios do direito, de tal modo que suas virtudes e seus defeitos ficaram expostos à visitação pública, com a transparência e a nitidez das manifestações evidentes. Aquele *quantum* de mistério que envolvia a prescritividade própria do jurídico pode, agora, ser explorado por ciências como a Semiótica ou devassado pelas especializações cada vez mais numerosas das ciências da linguagem, projetadas pela difusão do "giro-linguístico". Penso que a filosofia da linguagem, tanto na versão do estruturalismo, mais conectado com a linguagem, quanto na proposta da filosofia analítica, em ligação mais estreita com a lógica e com a matemática, navega a velas pandas no que há de mais fino e elaborado do pensamento ocidental. As duas vertentes avançam, na forma da terminologia tradicional, aparecendo como pós-estruturalismo e pós-analítica, para convergir na perspectiva hermenêutica, interpretativa, deitando raízes na fenomenologia e no existencialismo. A noção de horizonte hermenêutico, concebida na amplitude de uma tradição e, sobretudo, a de fusão de horizontes mediante o diálogo, desemboca inapelavelmente no reconhecimento da linguagem, constitutiva do saber, do mundo em que vivemos e de nós mesmos, entes humanos jogados na existência como seres finitos, carentes, prisioneiros de nossas incontáveis limitações.

13. Algumas considerações sobre Semiótica e Direito

A Teoria Geral do Direito tem recebido valiosa contribuição dos estudos empreendidos por especialistas da área tributária. Desde a obra de Becker e das elaborações de Geraldo Ataliba e de José Souto Maior Borges. Até a decidida inserção do Grupo de estudos que o IBET promove há trinta e cinco anos, no movimento do "Giro Linguístico", afirmando-se na linha de frente da "Filosofia da Linguagem", as intensas reflexões sobre o fenômeno do direito vêm acontecendo numa sucessividade digna de nota. Vários estudiosos, de muito elevado nível, num espontâneo e desinteressado esforço de cooperação intelectual, tomando a obra incomum de Lourival Vilanova como paradigma e deixando de lado o fluxo turbulento da vida social e profissional dos nossos dias, plantaram, em terra firme, interessante centro de indagação teórica e prática.

O denominador comum dessa dinâmica especulativa teve sempre representada pela busca incessante de encontrar, na experiência concreta do direito tributário, as respostas satisfatórias contidas em proposições de Teoria Geral e de Filosofia do Direito. Renovou-se, assim, de forma eloquente, aquilo que de alguma maneira houvera ocorrido nos domínios do Direito Civil, Penal, Processual, Constitucional e Administrativo.

Com efeito, por uma circunstância histórica que o tempo ainda não permite identificar com clareza, importante segmento da doutrina dos tributaristas autodeterminou-se no sentido de oferecer os fundamentos de sua concepção jurídico-filosófica, de modo expresso, antes de iniciar o desenvolvimento da matéria proposta, desejando ao leitor o controle e a vigilância sobre o conteúdo do trabalho.

Não é preciso dizer que procedimento desse tope, tornando o pensamento suscetível ao juízo crítico da coerência, requer seriedade de propósitos, demandando estudos aprofundados sobre a realidade do direito. Muda, de certa forma, o tom da retórica jurídica tradicional, para colocá-la em bases mais sólidas e consistentes. Sem abandonar a estrutura dialética do social, mantendo o diálogo entre a rotinização e a inovação, avança em direção ao elo que há de existir entre as proposições teoréticas e a experiência concreta do "mundo da vida".

Agora, se agregarmos a tal critério expositivo a preocupação com a linguagem jurídico-normativa; se atinarmos para o rendimento que pode ser obtido pela utilização das categorias do projeto semiótico, mais precisamente para as dimensões lógico-semânticas do texto prescritivo; se pensarmos que toda marcha do raciocínio se reporta a uma visão da norma jurídica, analisada com vigor na sua inteireza conceptual, como unidade mínima e irredutível" da mensagem deôntica portadora de sentido completo; se não perdermos de vista a necessidade premente de o discurso teórico propiciar a compreensão do direito posto; estaremos diante daquilo que bem se pode chamar de "constructivismo jurídico", vertido sobre o subsistema das regras tributárias.

Creio, porém, que não se deva aprisionar labor desse estilo num início e singelo rótulo, por mais significativo que seja. Há outras perspectivas que colhem aspectos relevantes desse *factum* cultural, hoje irradiado por vários Estados do Brasil, despertando igualmente a curiosidade de juristas estrangeiros. Testemunhos veementes dão os mais de trinta livros que já circulam nessa comunidade de conhecimento, fundados, todos eles, na concepção da regra-matriz de incidência tributária.

O modelo que foi nascendo jamais chamou a si a primazia de instrumento exclusivo para ensejar a aproximação do dado jurídico. Pelo contrário, alimenta a convicção de que muitos são os sistemas de referência por intermédio dos quais o objeto direto pode ser examinado.

Sabe-se quão difícil é sustentar a correção do pensamento sem fazer concessões; instaurar o processo comunicacional, passando a mensagem científica com o rigor necessário, sem provocar os ruídos que a precisão vocabular muitas vezes suscita.

* * *

É algo sem sentido cogitarmos do saber, em termos rigorosos, isolando teoria da prática. A Epistemologia pressupõe a dialética interdependência entre as proposições teoréticas e os objetos do mundo, de tal sorte que aquelas, ordenadas racionalmente, possam descrever estes últimos de modo satisfatório. Ajeitando essas reflexões para o domínio do jurídico, assim se expressou Lourival Vilanova: O jurista, num sentido mais abrangente, é o ponto de intersecção da teoria e da prática; da ciência e da experiência.

O direito positivo enquanto camada de linguagem prescritiva se projeta sobre o contexto social, regulando as condutas intersubjetivas e direcionando-as para os valores que a sociedade quer ver praticados. Em momento algum, todavia, e fenômeno jurídico é reduzido à singela expressão das normas que integram a sua ontologia. A opção pelo tratamento semiótico da linguagem normativa é decisão de cunho metodológico.

* * *

Entre os avanços que a Dogmática Jurídica tem obtido, nos últimos tempos, muitos deles foram proporcionados pelos estudos de Semiótica. Ao tomar o direito positivo como fenômeno linguístico, e nele aplicar a Teoria Geral dos Signos, abriu-se possibilidade para que o observador colhesse explicações racionais e convincentes, tendo em vista variações de sentido sem qualquer modificação na forma literal dos comandos examinados. Eis a pragmática da comunicação jurídica oferecendo novas condições de trabalho ao intérprete do direito.

* * *

O direito, como sistema de objetivações que projeta as formas pretendidas para a interação social, manifesta-se, invariavelmente, pela linguagem, seja ela escrita ou não escrita, pouco importa. Sistema de signos utilizado para a comunicação, a linguagem jurídica assume, desde logo, a função de conteúdos prescritivos voltados para o setor específico das condutas intersubjetivas.

À proposta epistemológica de isolar o dado jurídico identificando-lhe as normas, acresceu-se a verificação, até certo ponto tardia, de que tais entidades não teriam outro meio de aparição, no contexto da realidade social, que não fosse pela linguagem técnica, concebida pelo legislador para canalizar os comportamentos inter-humanos em direção aos valores que a sociedade quer ver concretizados.

Travar contato com a linguagem do direito, portanto, é o ponto de partida, inafastável, incisivo, para o conhecimento das estruturas mesmas do fenômeno jurídico. Aliás, ninguém lograria construir o ato hermenêutico, oferecendo sentido ao produto legislado, sem iniciar seu trabalho pelo plano da expressão ou da literalidade textual, suporte físico das significações do direito. Daí a extraordinária importância da Semiótica, como teoria geral dos signos de toda e qualquer linguagem, fator responsável pelas radicais transformações dos costumes da comunidade jurídica, no mundo contemporâneo. Nessa linha de reflexão, não seria excessivo afirmar que essa teoria geral, tomando o direito positivo como sistema de objetivações, recorta-o, metodologicamente, é claro nos três planos da análise semiótica: sintático, semântico e pragmático, atravessando o discurso prescritivo de cima a baixo, num invejável esforço de decomposição. E esse modo peculiar de investigação está provocando sensível mudança nos paradigmas clássicos de estudo, podendo ser identificado como autêntica revolução nos padrões científicos.

Aliás, é oportuno lembrar que as alterações produzidas pelo homem no mundo circundante, por mais desenvolvidos que sejam o instrumental e a técnica utilizados em determinado setor, terão de apoiar-se, invariavelmente, na chamada "causalidade física ou natural", isto é, no saber efetivo das relações "meio/fim". Daí porque, pondo entre parênteses o dado jurídico, numa atitude metódica e provisória, ingressa-se em tópicos da teoria da Comunicação, para de lá regressar com elementos informativos imprescindíveis ao conhecimento da matéria. Mostra-se, com isso, à experiência, efetivado princípio da intertextualidade, interna e exterior ao direito, sem o que se tornaria impraticável o ato de interpretação.

Fique consignado, porém, que a derivação de caminho, longe de representar mera operação de contorno, justifica-se plenamente. A instância da pesquisa semântica, nessa área, é algo de grande especificidade, de tal sorte que o arsenal terminológico existente, na busca da precisão indispensável às rigorosas articulações de sentido, sobre ser complexo, é formado por termos do idioma inglês por convenção de caráter internacional.

* * *

A influência de Lourival Vilanova, o grande jusfilósofo pernambucano, propagou-se nos meios acadêmicos e profissionais com suas teses amplas e consistentes, encantando novos juristas e fazendo aparecer o direito, realmente, como a intersecção da teoria com a prática; da ciência com a experiência. As ciências da linguagem, a semiótica e a retórica, vistas pela perspectiva da teoria do direito, como fato comunicacional, multiplicaram, consideravelmente, a geração de novas possibilidades proposicionais, para explorar, com enorme amplitude, a exegese dos escritos jurídicos, até então submetidos aos marcos, de certa forma limitados, das propostas conservadoras e tradicionais. Os estudos de lógica deôntica permitiram mais precisão ao conhecimento da dogmática, enquanto a análise das variações semânticas rendeu espaço a diferentes sugestões hermenêuticas e as projeções pragmáticas organizaram melhor as preciosas construções da jurisprudência brasileira.

14. Forma e conteúdo

Já proclamava o Professor Lourival Vilanova, ocupando-se da história das instituições, que não há vida sem sê-lo em forma. Assim o corpo, para os seres viventes, é a forma-limite, que o contrapõe ao seu contorno. E a vida social não escapa a essa congênita presença da forma. Há, apenas, um pluralismo de formas modeladoras da existência social.

Nunca é demais citar o grande jusfilósofo pernambucano, principalmente no ano em que celebramos o centenário de seu nascimento.

Mas, o assunto é relevantíssimo, pois a cada momento nos deparamos com a forma e dela partimos para adjudicar significações aos textos e, dessa maneira, compreendê-los. Aquilo que não se pode admitir, porém, é privilegiar o conteúdo, significação, substância ou sentido, em detrimento da forma, que se demora no plano da expressão, também conhecida como texto em acepção estrita. O mesmo equívoco está na priorização da forma em face do conteúdo. Um não existe sem a outra: são entidades que se coimplicam. "A forma é o fundo aparecendo", como anotou o crítico José Veríssimo.

15. Linguagem no Direito: direito positivo e Ciência do Direito

O Direito cumpre objetivos decisivos no contexto social: regula todas as condutas inter-humanas, organizando o sistema de vida coletiva para o fim de implantar os valores que a sociedade anela.

* * *

Reconhecer nos escritos do direito posto o estilo e a organização da linguagem técnica, com suas peculiaridades sintático-semânticas, é algo já conhecido e, de certo modo, explorado nos domínios da linguística. Há, porém, outro uso que está se tornando comum no direito, consistente em forma intensificada de tecnicismo, como se fora uma carga maior de termos técnicos de grau superior, metatécnicos por assim dizer, justapondo-se às mensagens do produto legislado, principalmente no âmbito do Direito Administrativo. Quero referir-me à linguagem das agências reguladoras, no afã de transmitir mandamentos cada vez mais minuciosos sobre pormenores procedimentais. Não pretendo afirmar que a iniciativa represente abuso: o teor de tecnicidade há de ser ministrado em doses condizentes com a necessidade de quem transmite o mandamento. Todavia, não deixa de ser algo inusitado, tendo em vista a experiência brasileira, não familiarizada, ainda, com escritos desse jaez. Ao apuro técnico se agregam combinações de sentido que fazem do texto um fragmento estranho ao trato jurídico da dogmática.

Ora, tenho escrito a propósito do reconhecimento das formas de comunicar-se, mostrando as variações de estilo entre os discursos científico, filosófico, técnico e ordinário, este último na acepção de vulgar. De que modo essas oscilações do texto podem manifestar-se e como surpreender-lhe as variações. Eis a questão. Também, de que maneira utilizar as ferramentas sintático-semânticas da coesão e da consistência para reconhecer os núcleos de cada qual, dominando-lhes as concentrações. Frisei tudo isso, é bom salientar, no aspecto teórico das apreciações linguísticas.

* * *

Na condição de linguagem empregada na função técnica, porque voltada ao fim prático de regrar as condutas humanas em relação de intersubjetividade, o direito positivo proporciona uma sensação de aridez, que os leigos e até os juristas não se cansam de registrar. Para que a comunicação seja eficiente, estimulando a vontade do destinatário no sentido da satisfação das expectativas normativas, o discurso jurídico prescritivo deixa muitas vezes de lado a estilística, tornando-se repetitivo, enfatizando estimativas, mexendo com crenças, usos e costumes sociais, tudo montado para canalizar os comportamentos em direção aos valores que a sociedade quer ver implantados.

Ora, a Ciência do Direito, enquanto metalinguagem que tem no direito posto sua linguagem-objeto, não pode escapar desse tecnicismo às vezes exagerado do legislador, absorvendo-o como a própria substância de parte do seu trabalho, de tal sorte que o problema se transporta para o plano do texto científico, na sua descritividade característica.

Tomo "dogmática" como equivalente nominal de "ciência do direito em sentido estrito", isto é, aquele corpo de linguagem que diz como é (ou melhor, como aquele cientista vê) um direito positivo historicamente dado. A ciência do direito em sentido amplo abrangeria a Sociologia do Direito, a História do Direito, a Psicologia Social do Direito, a Antropologia Jurídica, a Axiologia Jurídica e muitas outras matérias que se ocupam do mesmo fenômeno, mediante atitudes cognoscentes manifestadas de ângulos diversos.

Agora, por "direito posto" compreendo todo o espectro das normas jurídicas válidas, vigentes ou não vigentes, num ordenamento demarcado no espaço e fixado no tempo. Significa dizer que a expressão cobre a multiplicidade de normas expedidas: (i) pelo Legislativo, tendo como veículos introdutores as leis e outros diplomas de mesmo *status*; (ii) pelo Judiciário, na forma predominante de regras individuais e concretas, inseridas, mediante sentenças, acórdãos e outros provimentos; (iii) pelo Executivo, como conteúdos de atos administrativos, de índole normativa e das mais variadas espécies, como decretos, instruções ministeriais, portarias, lançamentos, decisões de órgãos singulares e colegiais etc.; e (iv) pelos particulares, como contratos e atos de manifestação unilateral de vontade, na forma do direito em vigor.

Tenho me ocupado, recentemente, do discurso que orienta a incidência de categorias da ciência na solução de questões práticas. Sem dúvida alguma, o tecido das construções científicas é uma linguagem artificialmente produzida, exatamente para revestir-se da potência apropriada à descrição de seu objeto, o direito posto. Nesse sistema de objetivações, governado pela lógica clássica, há um plano sintático rigoroso e uma conformação semântica também devidamente ajustada, com termos que tentam ser unívocos ou são submetidos ao processo de elucidação (como recomendou Carnap). O preço que tal artificialidade paga está na fraqueza pragmática de seu discurso. De outro lado, a linguagem natural, livre, ordinária, do nosso dia a dia, oferecendo situações do cotidiano ao conhecimento de todo o povo, conta com uma estruturação semântica mais solta, porém enorme riqueza pragmática e certa pobreza sintática.

Ora, a tarefa do jurista, com pretensões científicas, nutrindo a expectativa de tornar possível que as elaborações teóricas se vertam sobre a linguagem do social, para descrever as situações concretas do mundo inter-humano, tem de valer-se de um discurso intermediário, de uma linguagem intercalar, que poderá ser bem representada por aquilo que vulgarmente chamamos de "linguagem da experiência".

Bem sabemos que o domínio do saber teórico não é suficiente para a elucidação imediata de questões práticas. Quantas vezes o jovem magistrado, bem capacitado por sua formação, fica com imensas dúvidas ao aplicar o direito ao caso concreto. Dois dedos de conversa com um juiz mais experiente; pequena ponderação de um colega; a sugestão do advogado mais velho; tudo isso, enfim, pode servir para o esclarecimento do seu espírito que vai acumulando, assim, aquilo que convencionamos nominar de "experiência". Tempos depois, da mesma forma como lhe foi passado, aquele julgador poderá transmitir, também, a experiência acumulada, fazendo-o na forma de uma linguagem intermediária, cujo objetivo será propiciar a intersecção entre a teoria e a prática, entre a ciência e a experiência.

Pontes de Miranda já dissera que o direito processual é aquele mais rente à vida, porquanto aparece precisamente para tornar possível que outros direitos e obrigações, no contexto das normas terminais do sistema, orientem as condutas intersubjetivas, regendo a vida social. Por isso mesmo, a destreza no manejo das providências jurídico-processuais é pressuposto inafastável da segurança e da justiça na administração do direito, sendo o domínio, por excelência, da ação (no sentido de atividade), e reservado, apenas, àquele que, por motivos históricos de sua trajetória existencial estiveram envolvidos com a dinâmica da aplicação do direito e forma acumulando, paulatinamente, os trejeitos da incidência.

* * *

Tomemos o direito positivo como instrumento de ação social, concebido para ordenar as condutas intersubjetivas, orientando-as para os valores que a sociedade quer ver realizados. Claro está que organização dessa índole não pode compadecer-se com a indeterminação, com a incerteza, com a permanência de conflitos insolúveis, com o perdurarem no tempo, sem definição jurídica adequada, questões que envolvam controvérsias entre sujeitos de direito. Os comportamentos interpessoais são tolhidos pelas modalidades deônticas (obrigatório, proibido e permitido), concretizando-se no plano factual em termos de cumprimento da orientação normativa (condutas lícitas) ou em forma de descumprimento (condutas ilícitas). Enquanto sistema, a ordem jurídica aparece como forma de superar conflitos de interesse, estabelecendo, coercitivamente, a direção que a conduta há de seguir, em nome do bem-estar social. Essa tendência à determinação e à estabilização dos comportamentos intersubjetivos nem sempre se volta, de modo imediato, para o valor *justiça*. Antes, persegue o equilíbrio das relações, mediante a convicção de que uma solução jurídica será encontrada: eis o primado da *certeza do direito*, que opera para realizar, num segundo momento, o bem maior da *justiça*.

* * *

O direito positivo é um falar técnico.. Influi na linguagem ordinária e inspira-se na linguagem científica, onde vai buscar os fundamentos teóricos de suas estratégias de aplicação. Cabe ao cientista, em face dos problemas técnicos que lhe são submetidos, ajustar o funcionamento do modelo para atingir os fins pretendidos na prática. Da mesma forma o cientista. Sempre que os esquemas de sua ciência apresentarem dúvidas, deverá socorrer-se da linguagem filosófica, rediscutindo a dinâmica de suas teorias, para que elas possam alimentar os técnicos e estes últimos fazerem boa aplicação na linguagem da realidade social.

Ao mencionar tais modalidades de uso dos tipos de linguagem, tenho em vista, principalmente, os domínios do conhecimento no âmbito da comunicação social, que é muito mais amplo do que se pode naturalmente supor: a utilização da língua, mediante atos de fala, produzindo mensagens, é algo cuja dimensão vai ao infinito! E nossa capacidade criativa, nesse campo, é inimaginável, utilizando-se o homem de um recurso, para ele providencial, constrangido que está a pôr-se diante do mundo, como ser carente, insuficiente para subsistir por conta própria. Ele o faz cindindo-o, cortando-o, recortando-o, para poder locomover-se e sobreviver. Basta lembrar o singelo interesse que demonstraremos por algum objeto: o mero impulso já desencadeia uma sucessão de cortes e recortes isoladores do seu alvo, como se nada mais existisse. Aliás, os mesmos cortes que, em última análise, manifestam a autorreferencialidade do discurso, passam a ser nosso instrumento fundamental no sentido de conhecer, técnica e cientificamente, a imensa realidade de sua existência, interior e exterior. E sua própria fé é organizada nessa forma superior de comunicação.

* * *

A estratégia que o cientista do direito opta para aproximar-se do objeto do conhecimento jurídico é algo que se situa no plano das cogitações epistemológicas, sendo tema da Filosofia. E muitas são as propostas cognoscentes apresentadas no curso da evolução da história. Todas elas, porém, sob certo ângulo de análise, podem ser agrupadas em algumas categorias, das quais saliento as que acentuam o caráter normativo do direito, as que dão prioridade ao aspecto institucional, ao elemento relacional, ao direito como sistema, destacando seus subsistemas, ao lado daquel'outras de timbre historicista, sociológico, antropológico ou de psicologia social. De fato, há muitos modos de ver e de tratar o fenômeno jurídico. Um deles, atualíssimo, diga-se de passagem, é de considerá-lo como um grande processo de comunicação, em que aparece o editor da mensagem (norma jurídica), transmitindo-a ao receptor ou destinatário, pela utilização de um código comum, servindo-se de canal competente, tudo dentro de um contexto que envolve a integridade do acontecimento factual. As concepções que privilegiam o dado linguístico inscrevem-se, sem dúvida, nesse âmbito largo da teoria do direito como fenômeno de comunicação, se bem que uma implique a outra: tanto a linguagem importa à comunicação, como esta última pressupõe a primeira.

É preciso dizer, desde logo, que essas tomadas do direito posto, circunscritas a um determinado espaço territorial e colhidas numa precisa unidade de tempo, não se excluem mutuamente. Bem analisadas e cuidadosamente articuladas, complementam-se, ampliando os horizontes de observação do jurista.

* * *

Falar em tom descritivo acerca do ordenamento jurídico é o grande tema da Ciência do Direito em sentido estrito, se bem que o trabalho do intérprete para montar o sistema seja tarefa construtiva, estimulada pela sua subjetividade, por suas inclinações ideológicas, por suas vivências psicológicas, por sua vontade, pois o chamado "direito positivo" não aparece como algo já constituído, pronto para ser contado, reportado, descrito. A tessitura em linguagem, todavia, não será ainda o bastante para atribuir-lhe qualificações comunicativas plenas, requerendo que o destinatário o leia e o compreenda. É precisamente nessa função hermenêutica de atribuição de sentido, nesse adjudicar significação que reside o trabalho do cientista, disfarçado numa descritividade acentuadamente subjetiva como acontece, de resto, com as ciências sobre objetos da cultura.

Recordando lições de Bobbio, Ricardo Guastini enfatiza a contribuição incisiva do exegeta ao modelar o sistema, desconsiderando enunciados prescritivos ou inserindo, no conjunto, formulações que estariam na implicitude do texto, tudo, é claro, no pressuposto da ocorrência de antinomias e no reconhecimento de lacunas. É de ver que sem tais expedientes operatórios, a interpretação não teria sido possível e a sobrelinguagem descritiva sequer existiria, importando desde logo admitir que a participação do agente é algo fundamental no aparecimento da mensagem científica. E mais, os conteúdos dos atos decisórios valerão apenas para o momento dado, pois os enunciados antinômicos e as lacunas permanecerão na base empírica do discurso, prontos para estimular outros intérpretes e até o próprio sujeito que anteriormente manifestou sua compreensão.

* * *

A função reconstrutiva do objeto, que não é a postura de Kelsen, vê o sistema jurídico tanto no plano do direito positivo, como na metalinguagem da Ciência que dele se ocupa. Separando-se aqui da concepção neokantiana do mestre de Viena, Lourival Vilanova chama a atenção para a circunstância de que, diferentemente dos fenômenos naturais, a linguagem, como capa essencial, é constituinte do universo normativo, elemento que oferece o substrato lógico-proposicional para a formação do conjunto de regras, na forma superior de sistema. Para mais de serem ambos sistemas empíricos, plenos de conteúdo específico, há de existir uma referência objetiva entre o saber científico, cognoscente de seu objeto, e o direito posto, prescritivo de comportamentos interpessoais. Essa ponte é indispensável, sob pena de o discurso teorético adquirir a forma de mero corpo lógico de proposições, portador de estrutura sintática, mas sem compromisso com determinado setor da existência, que é sua dimensão semântica. Ora, como linguagem viva, posta em prática pela comunidade social, há um procedimento de uso dos termos empregados na multiplicidade das manifestações normativas, que representa a instância pragmática da comunicação jurídica.

Nada obstante tais reflexões, se pusermos entre parênteses metódicos o problema filosófico, remanescerá o vínculo objetivo entre o texto da Ciência do Direito e aquele do direito positivo.

* * *

O advento do Código Civil de 2002, com a nova configuração que instituiu, não poderia deixar de repercutir no ordenamento tributário brasileiro, deixando marcas em setores específicos da legislação. O direito incide sobre o campo dos comportamentos intersubjetivos, mas, para tanto, qualifica pessoas, situações e coisas. Às vezes, discreta mutação na ordem das qualificações de direito privado ou de direito público será o bastante para alterar institutos e regimes jurídicos que se mantiveram estáveis por muitos anos. E, com isso, o direito vai avançando em clima de "completabilidade". Não de "completude", como já se pretendeu, mas operando de tal modo que permaneça em estado de aptidão para responder, com norma, às circunstâncias da vida social que lhe interesse absorver, utilizando seu invariável e peculiar instrumento de regulações das condutas inter-humanas, isto é, permitindo, obrigando e proibindo. Em paralelo bem adequado, o prof. Vilanova comparou a "completabilidade" do sistema jurídico-normativo àquela de um idioma qualquer, sempre pronto para criar palavras e frases novas, a partir de suas estruturas morfológicas e sintáticas. O patrimônio vocabular e fraseológico de uma língua vai se enriquecendo com o passar do tempo, de tal modo que podemos extrair, de um número finito de regras, infinitas construções frásicas. Assim também é o direito positivo.

Com efeito, a riqueza inesgotável do real, na multiplicidade intensiva e suas variações, está por exigir a incessante criação de conceitos e de seus correlatos termos, que o ser humano vai demarcando mediante definições e, em seguida, procura distribuir em classes para avançar no projeto do conhecimento. Ora, a despeito do monumento jurídico que a sistematização do Código Civil de 1916 ainda significa como construção jurídico-prescritiva, nossa sociedade houve por bem repensar a matéria, promovendo alterações que, em alguns momentos, chegam a ser substanciosas ao editar o Diploma de 2002. Lembremo-nos de que a legislação civil, regulando as qualificações fundamentais que configuram o sujeito de direito e as relações que deve manter com seus semelhantes; disciplinando os institutos que dizem mais perto com a participação de cada um no contexto social; sempre foi o pano de fundo, o padrão de referência, o sistema básico de inspiração para a disciplina da conduta nos demais setores do direito positivo. E o subdomínio do direito tributário, certamente, não poderia escapar desse tipo de consideração.

* * *

Com efeito, há quem negue índole científica aos estudos dogmáticos, por envolverem questões de decidibilidade. Para esses autores, toda vez que os problemas estruturados sobre as premissas estabelecidas tiveram a relevância prática de possibilitar decisões, nominaríamos o texto de tecnológicos, como o faz, entre nós, Tercio Sampaio Ferraz Jr. Creio, todavia, que esse postulado epistemológico dista de ameaçar as construções sólidas que o saber científico vem produzindo ao longo dos tempos. A decidibilidade está presente desde os mais singelos atos de fala, até as implexas teorias que se aprofundam em objetos de várias regiões ônticas. Não é a possibilidade de decidir que outorga ao conhecimento o *status* de tecnológico ou científico. São manifestações d'outra ordem que eu poderia resumir como estilos discursivos distintos, orientados como vetores que se dirigem a finalidades bem caracterizadas: na modalidade do científico, temos o conhecimento pelo conhecimento, sem qualquer objetivo que não seja a apropriação do saber relativamente àquele campo material. Para a proposta tecnológica, contudo, o que vale é o domínio das proposições descritivas da ciência para fins de aplicação específica, deixando bem patente as metas em direção às quais se orienta o discurso declarativo. O dogmático constrói os "institutos" e o agente tecnológico deles se apropria para resolver problemas emergentes, devidamente delimitados no tempo e no espaço. Temos as ciências médicas descrevendo os órgãos e as dinâmicas funcionais do corpo humano, estrategicamente recortado em setores para efeito cognoscitivo. Ao mesmo tempo, contamos com o aperfeiçoamento de técnicas de aplicação daqueles saberes, tendo em vista o tratamento de certas patologias concretamente verificadas.

Se estabelecermos um paralelo, o exemplo pode servir para referências ao fenômeno jurídico. O jurista, com pretensões cientificas, descreve, sistematiza e se locomove entre pretensões científicas, descreve, sistematiza e se locomove entre os dados do direito posto simplesmente para conhecê-lo. Os magistrados, promotores e advogados travam contato com essas construções e as aplicam nos casos concretos com os quais estão envolvidos. Os últimos desempenham papel técnico-jurídico, ao passo que o primeiro labora na plataforma das ciências. Todos eles, porém, se movimentam mediante a prática de atos de fala que, por sua vez, pressupõem sucessivos momentos de dedutibilidade.

16. O processo de positivação do Direito: do evento ao fato jurídico

A teoria dos fatos jurídicos adquire feição nova quando distinguimos os "enunciados", dos "objetos da experiência" ou, de outro modo, sempre que aludimos a "fatos" e "eventos". A presença da linguagem, para tanto, é decisiva: os "fatos" são construções linguísticas integrantes do processo de comunicação. Assim, os sociais, biológicos, físicos, históricos, jurídicos etc. São unidades pertencentes a sistemas de objetivações. Em todos eles, u'a mensagem expedida pelo actante, em código comum ao emissor e ao receptor, com o verbo no pretérito e as demarcações espaço-temporais devidamente especificadas. Eis o *factum* na sua constitutividade intersubjetiva, como enunciado protocolar e denotativo.

Parte-se da suposição de que a linguagem é autorreferente, significando dizer que não temos outros meios exteriores para saber se, "na verdade", a alteração do mundo real-social veio a concretizar-se, efetivamente. Estabelecida a estrutura linguística, consoante os rigores da determinação jurídico-positiva, dar-se-á o fato por acontecido, pouco importando a existência ontológica do "evento".

É certo que falaremos sempre em nome dele (evento) por necessidade lógica, não ontológica. Nem sempre, porém, o ser humano, na sua interinidade subjetiva, terá convicção sobre a ocorrência. Quantas vezes o fato é "inventado", firmando-se a crença do acontecimento porque os arranjos de linguagem assim o permitiram. Por outro lado, em algumas oportunidades, um evento que nossos sentidos perceberam com nitidez não alcança reconhecimento jurídico por uma série de contingências que o direito prescreve, como o fluxo do tempo, por exemplo, sequer admitindo que os "fatos-prova" sejam reunidos para cumprir seu papel de linguagem competente.

Sendo como for, o direito não conhece fatos jurídicos sem linguagem, tomando-se o jurídico, aqui, como plexo de efeitos que se irradiam por força do acontecimento factual. Efeitos esses que se manifestarão igualmente em formas linguísticas, sobretudo porque "A linguagem entremeia todo o processo social, indistinguindo-se, no contínuo social, sua posição de causa e sua posição de efeito" (Lourival Vilanova).

* * *

O direito, como técnica de modificação social, não vem para representar o mundo, mas para alterá-lo, implantando valores (Lourival Vilanova). E esse projetar-se sobre o fluxo do suceder humano, na sua peculiar e característica instabilidade, ocorre num contínuo processo dialético que se estabelece entre normas gerais e abstratas, de um lado, e normas individuais e concretas ou individuais e abstratas, de outro, dinâmica da qual participam, invariavelmente, as regras gerais e concretas como veículos introdutores dos comandos prescritivos. Tudo isso se opera mediante a presença indispensável da linguagem, num contexto de crenças, ideias e convicções, a que chamamos de ideologia. Pondere-se, contudo, que somente tem sentido falar numa engenharia do social, se for atendido o pressuposto do respeito à ordenação causal do mundo, pois o direito não pode pretender opor-se aos efeitos da causalidade. Pelo contrário, há de observá-la para, dentro dela, causalidade física ou natural e, principalmente, a social, abrir suas possibilidades disciplinadoras de condutas intersubjetivas.

É nessa incessante movimentação empírico-dialética que se forma o conhecimento da mensagem prescritiva. Explicado de outro modo, é travando contato com o plano da expressão, onde estão montadas as estruturas morfológicas e sintáticas do texto legislado, que o enunciatário organiza a compreensão da matéria, completando o ciclo comunicacional do direito. Daí avante, a questão de saber se o expediente vai ter o condão de motivar o comportamento, em termos de fazê-lo cumprir ou não a direção normativa, é algo que pertence ao campo da Sociologia e da Psicologia social e individual do direito.

Por outro lado, assim como a potência para criar frases linguísticas é infinita, dentro do âmbito de determinado idioma, as possibilidades criativas do legislador são também intermináveis, mantendo-se rigorosamente dentro dos limites da gramaticalidade própria da comunicação normativa. Tudo porque os functores deônticos são interdefiníveis e a matéria do social estende-se numa pluralidade sem fronteiras. Entretanto, se quisermos reduzir o direito à sua expressão mais simples, poderemos apresentá-lo em dois hemisférios correspondentes aos fatos lícitos e aos ilícitos, declarando que a linguagem das normas, na sua multiplicidade compositiva, verte-se sobre a realidade social, qualificando pessoas, situações e coisas, com o objetivo precípuo de constituir fatos, assinalados, por quem legisla, com a marca positiva da licitude ou com o sinal negativo do indesejável. Em seguida, o legislador faz expandir efeitos das entidades assim formadas, instaurando permissões, deveres e proibições que o instrumentalizam para desempenhar sua missão reguladora.

Sempre é bom lembrar que o processo de positivação do direito inaugura-se com os preceitos competenciais cravados no Texto Supremo e avança, gradativamente, em direção aos comportamentos inter-humanos para discipliná-los e tornar possível a convivência social. Ora, tais providências são obtidas por intermédio da linguagem das provas, de tal modo que vale a afirmação categórica segundo a qual fato jurídico é aquele, e somente aquele, que puder expressar-se em linguagem competente, isto é, segundo as qualificações estipuladas pelas normas do direito positivo.

Se acrescentarmos a essas reflexões a decisiva e fecunda distinção entre evento e fato, tão presente na epistemologia do conhecimento pós-moderno, chegaremos ao ponto que nos interessa salientar. Estou convencido, aliás, de que em nenhum outro domínio do universo jurídico, a dualidade fato/evento manifesta sua presença com tanta nitidez e vigor.

Ou a mutação ocorrida na vida real é contada, fielmente, de acordo com os meios de prova admitidos pelo sistema positivo, consubstanciando a categoria dos fatos jurídicos (lícitos ou ilícitos, pouco importa) e da eficácia que deles se irradia; ou nada terá acontecido de relevante para o direito, em termos de propagação de efeitos disciplinadores da conduta. Transmitido de maneira mais direta: fato jurídico requer linguagem competente, isto é, linguagem das provas, sem o que serão meros eventos, a despeito do interesse que possam suscitar no contexto da instável e turbulenta vida social.

Latente entre os conceitos fundamentais está a recomendação, de que o jurista é o ponto de intersecção entre a teoria e a prática, entre a ciência e a experiência.

Eis a Ciência do Direito Tributário oferecendo, mais uma vez, contribuição valiosa para a Teoria Geral do Direito, pois a dinâmica da prova é observada no contexto do fato comunicacional e considerada em suas projeções axiológicas.

* * *

A projeção dos modelos teóricos, quando os precipitamos sobre o espaço do mundo objetivo, não é tarefa fácil de executar, tendo em vista as dificuldades que cercam o desempenho dos iniciantes. Entre a linguagem da teoria e a linguagem da prática, no dia a dia da turbulenta vida social, interpõe-se outra camada linguística, que eu chamaria de linguagem técnico-empírica, porque consiste em fazer valer categorias abstratas, artificialmente concebidas no âmbito da verdade por coerência, incidindo na plataforma das construções quase sempre desordenadas do contato entre as pessoas, no tecido da existência comunitária. Dizendo de modo mais simples, é a preciosa linguagem da experiência, responsável pela intermediação entre as propostas do saber teorético e os contundentes reclamos da pragmática da comunicação jurídica.

De fato, essa linguagem intercalar não se oferece ao domínio logo no exame do primeiro instante. Às vezes, são necessários longos anos de atividade atenta à aplicação cuidadosa, para que o profissional possa dizer-se experiente.

Por outro lado, a realidade social oferece uma natural resistência às iniciativas de regulação de condutas operadas pelo processo de positivação do direito, intervalo que é objeto de estudo pelas teses sobre a eficácia jurídica.

17. Norma jurídica

Tenho insistido na tese de que normas são as significações construídas a partir dos suportes físicos dos enunciados prescritivos. No sentido amplo, a cada enunciado corresponderá uma significação, mesmo porque não seria gramaticalmente correto falar-se em enunciado (nem frase) sem o sentido que a ele atribuímos. Penso que seja suficiente mencionar "suporte físico de enunciado prescritivo" para referir-me à fórmula digital, ao texto no seu âmbito estreito, à base material gravada no documento legislado. As normas são da ordem das significações. Em sentido amplo, quaisquer significações. Porém, em acepção restrita, aquelas que se articularem na forma lógica dos juízos hipotético-condicionais: Se ocorrer o fato F, instalar-se-á a relação R entre dois ou mais sujeitos de direitos (S' e S"). Reitero a terminologia para facilitar as comparações e os paralelos que ordinariamente o leitor estabelece, cada vez que lhe acode à mente o ponto de vista de outros autores. Distinções como esta, se formuladas com clareza, alimentam a possibilidade criativa de quem reflete, sugerindo ideias que aprofundam a busca intelectual e enriquecem o pensamento.

* * *

O ser pessoa, no seu mundo circunjacente, orientado pelos valores do direito positivo, tem as normas como setas indicadoras da conduta a seguir, com a certeza que lhe dá a esquematização prévia e típica do que é permitido ou obrigatório fazer, bem como de todos os comportamentos a serem evitados por força de proibições. Mas esse plexo de normas, na sua configuração dinâmica, está em constante mutação, para atender ao descompasso existente entre o reino das relações inter-humanas e a regulação normativa que o legislador, nem sempre atento com os intervalos que a vida social inevitavelmente vai ditando, procura cumprir dentro de suas possibilidades, o que se dá necessariamente *a posteriori*. Ingressam aqui as relevantíssimas questões atinentes à aplicação do direito no tempo e no espaço e a compreensão dos fenômenos revocatórios, como expedientes da mais alta indagação para sabermos qual a norma aplicável à determinada situação.

* * *

Para a lógica deôntica, as normas jurídicas, proposições prescritivas que são, têm sua valência própria. Delas, não se pode dizer que sejam verdadeiras ou falsas, valores imanentes às proposições descritivas da Ciência do Direito, mas as normas jurídicas serão sempre válidas ou inválidas, com referência a determinado sistema "S". E ser norma válida quer significar que mantém relação de pertinencialidade com o sistema "S", ou que nele foi posta por órgão legitimado a produzi-la mediante procedimento estabelecido para esse fim. Nesse sentido, Lourival Vilanova (*Estruturas lógicas e o sistema do direito positivo*. São Paulo: Noeses, 2005, p. 27) lembrou, com sutileza de análise, que

> no direito, são as regras do processo legislativo, ou quaisquer outras regras-de-regras que estabelecem como constituir, reformar ou desconstruir normas válidas. A validade é, assim, validade no interior do sistema positivo. Normas de outra procedência, ou de outro conteúdo, para ingressar no sistema, requerem regra-de-regra que as jurisdicize, que as com-valide. A correspondência com tais regras "processuais" dá-lhes relação-de-pertinência em face do sistema positivo.

A validade das normas aparece como um dos conceitos fundantes do domínio jurídico. Repousa certamente aqui a dificuldade de discorrer sobre a matéria, fixando-lhes os contornos, tendo em vista compor suas projeções dentro do sistema.

* * *

Como sistema objetivado de significações, o direito está na linguagem prescritiva dos textos normativos. Não é ele a própria linguagem, mas nela reside, numa forte relação dialética. Afasta-se, desse modo, o excesso da proposição segundo a qual o direito seria a linguagem mesma. Todavia, sai fortalecida a premissa, tão retrilhada em certas concepções, e que vê o direito de maneira indissociável da linguagem: "não há fato jurídico sem linguagem", asserto que choca, à primeira vista, mas que vai mansamente convencendo, à medida que os acontecimentos da vida ocorrem na camada social coberta pela fração da juridicidade.

Ora, se os elementos do contínuo social não são os homens, individualmente considerados, mas interações irreflexivas; se o direito existe para imprimir direção ao fluxo dessas interações, no instável modo de consistir da sociedade humana; se a linguagem perpassa toda a dinâmica do social e a experiência jurídica se processa, necessariamente, na dialogia linguística da comunicação; como descartar o interesse pelas ciências que têm por objeto o estudo dos textos? De que forma passar por alto pelo caráter discursivo do direito, se partimos do pressuposto de que ele está, sempre, contido em formas textuais?

No fundo, ainda que o pensamento deslize sobre o eixo epistemológico do direito, visto como algo que se manifesta por meio de normas, conceito aglutinante e núcleo rígido em torno do qual os vários setores do jurídico vão se articulando para compor a forma superior de sistema.

É necessário isolar as unidades prescritivas, como estruturas de sentido que se mantêm uniformes: toda norma se assenta no mesmo esquema lógico (homogeneidade lógica), porém com diferentes conteúdos semânticos (heterogeneidade semântica). De seguida, apontar para as normas gerais e abstratas, gerais e concretas, individuais e abstratas, para depositar sua atenção especial nas normas individuais e concretas.

Curioso observar que a despeito da proclamada uniformidade, os expedientes normativos manobram o deôntico da maneira mais apropriada ao regramento das condutas intersubjetivas, de tal sorte que a introdução de novas unidades no ordenamento se dá também por intermédio de normas, estas, contudo, gerais e concretas. Daí as regras de estrutura, como normas introdutoras de outras normas, no conjunto do direito posto.

Ninguém ousaria negar a importância e magnitude das normas gerais e abstratas, estatuidoras das diretrizes a partir das quais os comportamentos são deonticamente orientados. Nem ignorar a função estruturante das gerais e concretas, responsáveis pela organização hierárquica das demais unidades do sistema. No entanto, o momento decisivo da ordem jurídica, no caminho da consecução de seus objetivos socioculturais, configura-se quando surgem as normas individuais e abstratas e as individuais e concretas. Agora, sim, os valores constitucionalmente concebidos, que foram adquirindo força determinativa com a marcha do processo de positivação, chegam ao limiar das condutas inter-humanas, quase que as tocando. Eis o direito, aplicado às concreções existenciais da vida em sociedade.

A regra-matriz de incidência tributária, como norma geral e abstrata, veicula o chamado "fato típico", classe ou conjunto de caracteres identificadores dos efetivos acontecimentos. Já a norma individual e concreta insere o factual jurídico, na plenitude de sua grandeza semântica, com o seu "aqui e agora" devidamente consolidado, expressando a ínsita singularidade daquilo que foi feito em determinadas condições de espaço e de tempo. No primeiro, uma construção conceitual; no segundo, uma concreção histórica.

Intercala-se nessa trajetória, vale dizer, entre a norma geral e abstrata e a regra individual e concreta, a atividade hermenêutica do intérprete e editor, impulsionada pela vontade, mas impregnada também do seu subjetivismo. Assim, ele desenvolverá o percurso gerador de sentido, construindo, e não revelando ou extraindo, as significações que lhe parecerem mais adequadas. No subsolo, duas operações lógicas estruturam seu pensamento: uma de inclusão de classes; outra de implicação. Significa afirmar que o enunciado do fato jurídico há de quadrar-se na amplitude do pressuposto normativo, ao mesmo tempo em que a hipótese implicará o consequente, prescritor dos caracteres do liame jurídico que vai nascer. Surgirá, então, a relação jurídica tributária com seus termos rigorosamente determinados: sujeitos ativo e passivo e objeto da prestação.

* * *

A teoria comunicacional do direito vem se irradiando, tanto na Europa, com a obra de Gregorio Robles, quanto em outros países, como o Brasil, ainda que debaixo de diversas designações, como é o caso das "doutrinas pragmáticas" e do "construtivismo lógico-semântico". O tratar o direito como algo que necessariamente se manifesta em linguagem prescritiva, inserido numa realidade recortada em textos que cumprem as mais diversas funções, abriu horizontes largos para o trabalho científico, permitindo oportuna e fecunda conciliação entre as concepções hermenêuticas e as iniciativas de cunho analítico.

Por outro lado, uma série de ajustes hão de ser feitos para encurtar as distâncias entre tais propostas. Um deles é a delimitação das proporções do chamado princípio da "homogeneidade sintática" das normas do sistema, em face da heterogeneidade linguística dos enunciados do direito positivo.

Com efeito, a ambiguidade da expressão "normas jurídicas" para nominar indiscriminadamente as unidades do conjunto, não demora a provocar dúvidas semânticas que o texto discursivo não consegue suplantar nos seus primeiros desdobramentos. E a clássica distinção entre "sentido amplo" e "sentido estrito", conquanto favoreça a superação dos problemas introdutórios, passa a reclamar, o breve trecho, novos esforços de teor analítico.

A despeito disso, porém, vale a pena manter o secular modo de distinguir, empregando "normas jurídicas em sentido amplo" para aludir aos conteúdos significativos das frases do direito posto, vale dizer, aos enunciados prescritivos, não enquanto manifestações empíricas do ordenamento, mas como significações que seriam construídas pelo intérprete. Ao mesmo tempo, a composição articulada dessas significações, de tal sorte que produza mensagens com sentido deôntico-jurídico completo, receberia o nome de "normas jurídicas em sentido estrito".

Por certo que ninguém ousaria negar a diversidade de formas sintáticas e a multiplicidade dos conteúdos semânticos que as construções normativas exibem, logo no exame do primeiro instante. Mas é difícil admitir que o comando deôntico-jurídico deixe de revestir aquela estrutura imputativa trabalhada por Hans Kelsen e tão bem desenvolvida por Lourival Vilanova, como denominador comum e último reduto das comunicações que se estabelecem entre o editor da regra e seus destinatários.

Fixemos aqui um marco importante: quando se proclama o cânone da "homogeneidade sintática" das regras do direito, o campo de referência estará circunscrito às normas em sentido estrito, vale dizer, aquelas que oferecem a mensagem jurídica com sentido completo (se ocorrer o fato F, instalar-se-á a relação deôntica R entre os sujeitos S' e S"), mesmo que essa completude seja momentânea e relativa, querendo significar, apenas, que a unidade dispõe do mínimo indispensável para transmitir uma comunicação de dever-ser. E mais, sua elaboração é preparada com as significações dos meros enunciados do ordenamento, o que implica reconhecer que será tecida com o material semântico das normas jurídicas em sentido amplo.

Penso que tais elucidações afastem, desde logo, algumas dificuldades atinentes à singela dicotomia "homogeneidade/heterogeneidade", sobretudo porque a teoria comunicacional emprega esses signos voltada para a organização linguística do discurso jurídico, ao passo que o "constructivismo lógico-semântico" restringe esses nomes a planos distintos da análise semiótica.

Seja como for, o processo de interpretação não pode abrir mão das unidades enunciativas esparsas do sistema positivo, elaborando suas significações frásicas para, somente depois, organizar as entidades normativas (sentido estrito). Principalmente porque o sentido completo das mensagens do direito depende da integração de enunciados que indiquem as pessoas (físicas e jurídicas), suas capacidades ou competências, a ação que podem ou devem praticar, tudo em determinadas condições de espaço e de tempo. A teoria comunicacional, aliás, trata admiravelmente bem desse tema, organizando os enunciados do direito positivo (ordenamento) de tal modo que facilita as providências subsequentes da montagem comunicativa.

* * *

A expressão linguagem jurídica, reduzida semanticamente ao universo do direito positivo, ainda assim pode sugerir outras significações, entre elas: a) o conjunto dos signos normativos; b) a maneira de utilizar tais entidades no processo de positivação; e c) a esfera dos procedimentos próprios dos discursos jurídicos. É a propósito da segunda acepção, vale dizer, do plexo dos modos e expedientes que o legislador utiliza para compor a disciplina das condutas intersubjetivas, que pretendo aduzir considerações, identificando a categoria das chamadas regras procedimentais (que não deixam de ser regras técnicas), tão frequentes nos textos prescritivos do direito. Em outros setores da comunicação social, as regras técnicas são apropriações que o homem promove no território das relações de causalidade física ou natural, fazendo surgir liames de meio e fim. Nos seus ímpetos de dominação, o ser humano, conhecedor dos laços de causa e efeito, emprega-os para obter certos resultados, abrindo espaço ao aparecimento de sequências bem caracterizadas e que são tidas como imprescindíveis para a obtenção das finalidades anunciadas.

A Teoria Geral do Direito tem tratado dessas unidades normativas no quadro das chamadas regras procedimentais, como forma de pôr, criar ou constituir as figuras jurídicas que pretende sejam instituídas. Se refletirmos bem, a celebração de um ato qualquer reclama o preenchimento de requisitos, a satisfação de expedientes sem os quais o acontecimento não se verifica no mundo do Direito. A própria configuração do instituto depende do implemento dessas providências, por mais simples que possa parecer a iniciativa. Ninguém realiza ato administrativo sem que satisfaça as condições mínimas para sua expedição. Da mesma forma, é inconcebível pensar no reconhecimento de conduta juridicamente qualificada sem que o agente tenha percorrido o chamado iter procedimental, feixe das condições básicas para o surgimento da figura. Tais regras são enunciados prescritivos que operam com o núcleo lógico ter-que (*müssem*), modalizado pelo operador deôntico, manifestação do comando volitivo de quem insere a norma no sistema. Assinale-se, contudo, que o dever-ser (*sollen*) atua aqui como conectivo de conectivo (functor de functor), pois a regra técnico-procedimental (chamemos assim) está estruturada internamente com o ter-que.

Penso ter sido Gregorio Robles Morchón aquele que, com maior profundidade e clareza, discorreu sobre o assunto. O autor espanhol, na sua concepção do Direito como fenômeno comunicacional, oferece sugestiva classificação dos enunciados jurídico-prescritivos, distinguindo-os em normas indiretas e normas diretas da ação (entre várias obras, vale a pena conferir *El derecho como texto*, Thomson-Civitas, 2ª edição, págs. 42 e seguintes). As primeiras não tratariam diretamente da ação, limitando-se a instituir elementos do sistema prévios à regulação direta. Estipulam as condições dentro das quais há de ocorrer ou há de ser regulada a ação. Implantam os elementos espaciais e temporais do sistema, assim como os sujeitos e suas capacidades ou competências. O verbo ser é seu modo de expressão, daí o chamá-las normas ônticas. Agrega, a título de exemplo, "Madrid es la capital de España". As normas desse tipo não regulam diretamente a ação, limitando-se a firmar seus pressupostos.

Já as normas diretas contemplam determinada ação, tomada em sua concepção genuína. Convém observar que Robles não equipara ação e conduta. Esta última será ação, sempre que caracterizada pela incidência de um dever. Inexistindo dever, não há falar-se em conduta. O conceito de ação é, portanto, semanticamente mais extenso.

As normas diretas diferenciam-se, funcional e linguisticamente, em três tipos: a) normas procedimentais, marcadas, como foi dito, pela presença do núcleo verbal ter-que, exprimem uma necessidade convencional, não um imperativo natural ou lógico. Criam todos os tipos de ação relevantes para o sistema, tanto as lícitas, como as ilícitas. Não proíbem nem autorizam as ações, simplesmente dizem em que consistem. Por exemplo, que há de fazer o sujeito para cometer homicídio ou que passos há de seguir o juiz para que sua sentença seja válida; b) normas potestativas, expressas mediante o verbo poder (*können*), não como mera possibilidade de levar a cabo a ação, mas como autorização dada ao sujeito para realizá-la. A norma potestativa determina o campo das ações lícitas que alguém pode efetivar. Transmite o poder, em sentido forte, não equivalendo aqui ao poder contido nas normas atribuidoras de capacidades ou de competências; c) e por último, as normas deônticas, significa dizer, as que estabelecem os deveres. São normas diretas que cumprem a função de estipular exigências aos sujeitos da ação, manifestando-se, naturalmente, pelo verbo dever (*sollen*). Lembra Gregorio Robles que a ação, tomada por esse ângulo, se transforma em conduta, motivo pelo qual pode ser definida como aquela que exige determinada conduta ou a que estabelece o dever de observá-la.

* * *

Bem poderia ser ampliado para *Processo/Produto*, a ambiguidade que nos atormenta. Ao binômio, porém, o direito acrescenta a norma, fazendo com que todos se curvem para admitir as três dimensões de um fenômeno jurídico qualquer, como o demonstrou Gregorio Robles em sua teoria comunicacional do direito, pois a norma prevê o processo que, por sua vez, determina o aparecimento do produto. A proposta, que a princípio supõe o acolhimento da teoria tridimensional do direito, segundo o corte de Miguel Reale, nada mais representa do que uma concepção normativa, porquanto o processo e o produto estarão contidos na própria norma, havendo apenas relação de classes.

* * *

Como não poderia deixar de ser, está presente neste escrito a categoria das chamadas regras técnicas ou procedimentais, expedientes que o legislador utiliza, invariavelmente, para compor a disciplina das condutas intersubjetivas. A Teoria Geral do Direito tem tratado dessas formas de síntese para criar as condições de regulação dos comportamentos interpessoais, montando sequências estruturadas com o fim de obter a implementação de suas prescrições. A celebração de um ato qualquer reclama o preenchimento de requisitos sem os quais o acontecimento não se consubstancia no mundo do direito. Ninguém realiza ato administrativo sem que satisfaça as condições mínimas para sua expedição. Da mesma forma, é inconcebível pensar no reconhecimento de conduta juridicamente qualificada sem que o agente tenha percorrido o chamado iter procedimental, feixe de condições básicas para o surgimento da figura. Inexiste pagamento sem a emissão de enunciado que o certifique, sendo a inconstitucionalidade da exigência quitada igualmente dependente de constituição em linguagem nos moldes instituídos pelo direito.

Como fato jurídico que é, tem-se por devido o pagamento quando promovido em sintonia com as leis que lhe determinam o conteúdo e a forma de realização. Por outro lado, será ele indevido toda vez que se apresentar em desconformidade com os preceitos firmados em lei para seu implemento. Tal se dá com a inobservância das prescrições expressas na regra-matriz de incidência instituidora do gravame e, também, quando a própria norma-padrão se desvia dos desígnios constitucionais veiculados nas regras de competência tributária. A prerrogativa de obter a restituição daquilo que foi impropriamente pago se apresenta como direito subjetivo cujo titular é o contribuinte que realizou o pagamento indevido, uma vez comprovado o fato mediante a linguagem específica que o direito exige.

As regras que disciplinam o percurso a ser trilhado nessas circunstâncias são enunciados prescritivos que operam com o núcleo lógico ter-que (*müssem*), modalizado pelo operador deôntico, manifestação do comando volitivo de quem insere a norma no sistema. Assinale-se, contudo, que o dever-ser (*sollen*) atua aqui como conectivo de conectivo (functor de functor), pois a regra técnico-procedimental (chamemos assim) está organizada internamente com o ter-que.

Em termos normativos, podemos conceituar a norma técnica como proposição prescritiva, de estrutura hipotética, que imputa à determinada condição jurídica do suposto – ser ou ter direito subjetivo a – específico tipo de procedimento a ser rigorosamente cumprido. É, pois, norma de estrutura que se volta aos agentes investidos de competência, regulando os atos e seus tempos, a serem executados para a obtenção de determinado fim.

* * *

Reavivemos em nossa memória que as chamadas regras procedimentais, tão frequentes nos textos prescritivos do direito e que informam a concretização negocial, são apropriações que o ser humano promove no território das relações de causalidade, fazendo surgir liames de meio e fim. Se bem refletirmos, a celebração de um ato qualquer reclama o preenchimento de requisitos, a satisfação de expedientes sem os quais o acontecimento não se verifica no mundo do direito. A própria configuração dos institutos jurídicos depende do implemento de providências, por mais simples que possa parecer a iniciativa: não há como pensar no reconhecimento de conduta juridicamente qualificada sem que o agente tenha percorrido o chamado *iter procedimental*, feixe das condições básicas para o surgimento da figura. Tais regras são enunciados prescritivos que operam com o núcleo lógico *ter-que*, consistente em determinado tipo de procedimento a ser rigorosamente cumprido.

A despeito disso, necessário ter sempre em mente que o *ser procedimento* é estrutura que se organiza para atingir uma finalidade, de modo que ambos – sequência procedimental e valores almejados – hão de estar em harmonia.

18. Regra-Matriz de Incidência Tributária

Dentre os recursos epistemológicos mais úteis e operativos para a compreensão do fenômeno jurídico-tributário, segundo penso, inscreve-se o esquema da regra-matriz de incidência. Além de oferecer ao analista um ponto de partida rigorosamente correto, sob o ângulo formal, favorece o trabalho subsequente de ingresso nos planos semântico e pragmático, tendo em vista a substituição de suas variáveis lógicas pelos conteúdos da linguagem do direito positivo.

Com efeito, o conhecimento do sistema jurídico-prescritivo não pode continuar livre e descomprometido de padrões metodológicos como tem acontecido em múltiplas manifestações de nossa doutrina. Antes de tudo, a investigação científica requer um método, como critério seguro para conduzir o pensamento na caminhada expositiva. Feito isso, pode o autor até trazer para o espaço discursivo proposições de outras áreas, as quais permanecerão como elementos ancilares, ao longo do eixo temático, este sim, governado por uma diretriz definida e, obviamente, compatível com o fenômeno-objeto.

* * *

Enquanto proposta epistemológica para efeito de isolamento da unidade de percussão da norma jurídica tributária, a regra-matriz de incidência tem cumprido admiravelmente os propósitos de sua concepção. Largamente aplicada nos mais variados tributos, responde como estrutura bem construída, mostrando-se apta para absorver os conteúdos semânticos dos produtos legislados e facilitando, desta forma, a compreensão da mensagem deôntica dirigida aos administrados do Estado, assim como à própria entidade que põe a exação.

É importante que se diga ter sido a regra-matriz de incidência fruto de demorado e complexo processo de elaboração conceitual, quase todo ele percorrido nos domínios da filosofia e da Teoria Geral do Direito, mas que tomou o campo das efetivas relações jurídicas tributárias como plataforma empírica de seus testes, com ela estabelecendo aquela ponte necessária entre a teoria e a prática, entre a ciência e a experiência, como exigiria Lourival Vilanova, para identificar o genuíno conhecimento do fenômeno jurídico, creio residir na profundidade deste mergulho no plano mais abstrato da Filosofia e da Teoria Geral a razão da firmeza e solidez do produto construído, que se aloja entre os objetos ideais, mas que se encontra pronto para ser saturado com os valores concretos do "mundo da vida".

Acresce mencionar que seu conteúdo assinala o início histórico da construção ideal da regra-matriz de incidência. Boa parte daquele mínimo formal da estrutura deôntico-tributária já se encontra posta e arruada sintaticamente. Nela se separa, com nitidez lógico-semântica os materiais linguísticos que ingressam na hipótese, antecedente, suposto ou pródase, daque'outros que se inscrevem, necessariamente, no consequente, mandamento ou apódese, oferecendo uma visão unitária e equilibrada da entidade normativa. Lembremo-nos de que, até então, o direito tributário era estudado unicamente a contar da hipótese (escola de glorificação do fato gerador), como outrora já houvera acontecido com a "obrigação tributária", tomada como eixo temático para o desdobramento da matéria.

Creio poder afirmar-se que o advento da regra-matriz de incidência estabelece um marco decisivo no rumo dos estudos tributários, ao menos no que concerne ao caminho metodológico a ser desenvolvido. De uma percepção fragmentária dos elementos que, meramente ajuntados, se ofereciam à observação do cientista, passou-se a uma compreensão una, incindível, indecomponível e que corresponde, estritamente, ao mínimo deôntico com sentido completo, vale dizer, à mensagem do legislador, operando com norma geral e abstrata, em que estatui uma classe de notas que os acontecimentos do mundo devem conter para serem considerados fatos jurídicos tributários, imputando-se a eles, enquanto fatos concretos, a eficácia jurídica de irradiarem uma relação deonticamente modalizada (proibido, permitido e obrigado), entre dois ou mais sujeitos de direito, vínculo igualmente previsto em seus traços de presença imprescindível. Daí a alusão a critérios da hipótese, em que se prevê a ocorrência factual, e a critérios do consequente, em que se instituem os sinais indispensáveis ao aparecimento jurídico de um laço concretamente firmado entre sujeitos determinados.

* * *

A regra-matriz de incidência tributária vem cumprindoseu papel de instrumento epistemológico, já agora com a experiência de um quarto de século, em marcha constante, acumulando estabilidade e se enriquecendo com resultados verdadeiramente surpreendentes. Existem centenas de livros, da melhor doutrina, cada qual fazendo a aplicação direta desse esquema lógico-sintático que prepara a apresentação semântica e pragmática da mensagem legislada. Seu reconhecimento internacional é, também, um dado sobremaneira relevante para afirmar o teor de praticidade de seu uso. Da Itália, a partir de Bolonha; da Espanha, a contar de Barcelona e, na América do Sul, tanto em Buenos Aires, como em Montevideo e Lima, essa estratégia de análise vem sendo testada sempre com os melhores resultados operacionais, tendo em vista a compreensão de textos jurídico-tributários.

Ainda que não deva ser eu o crítico mais isento das virtudes da regra-matriz de incidência, parece-me que seu emprego outorga caráter de potencialização ao pensamento do sujeito que investiga, instrumentalizando-o para explorar camadas mais profundas da linguagem do direito posto. Na instância seguinte, o isolamento de incidência como atividade de feição lógica, composta pelas operações de subsunção e de subsequente implicação, não só decompõe algo que não fora estudado com mais vagar em outros tempos, como deixa assentado que o ser humano, e só ele, com seu aparato mental, autor de um ato de fala que manifesta o conteúdo de sua vontade, poderá fazer com que a "norma incida", aplicando a regra geral e abstrata às situações concretas do mundo. Na outra parte se demoram os efeitos da realização do fato jurídico, isto é, o relato em linguagem de um evento que teria ocorrido no domínio dos objetos da experiência e sua implicação inexorável: o nascimento da obrigação tributária.

Fique bem claro que a estrutura formal da regra-matriz se insere no plano da lógica deôntico-jurídica e o discurso sobre o direito abrange outras lógicas, como a lógica da decisão, que é lógica da argumentação, isto é, a lógica da interpretação para decidir ou "lógica dialógica". Encontra espaço aqui também a "lógica retórica" que subjaz à linguagem cujo objeto é convencer a quem há de decidir, como tem salientado com insistência Gregorio Robles.

* * *

Se transpusermos essas reflexões para o domínio do jurídico-tributário, participaremos de uma perspectiva favorável ao desempenho analítico, uma vez que o fato imponível ("fato gerador") e o fato-relação ("obrigação tributária") comparecem, exibindo sua morfologia e suas conexões de maneira clara, dado que aumentará, consideravelmente, o potencial descritivo da Ciência.

Decompondo os enunciados factuais em seus elementos integrativos, poderemos estudar mais de perto o antecedente e o consequente da norma individual e concreta do lançamento ou do ato posto na ordem jurídica pelo administrado, ciente a Administração.

Tomando a regra-matriz dos tributos como unidade monádica e irredutível da percussão deôntica (com o perdão das duas redundâncias), a proposição-hipótese pode, desde logo, ser isolada, para efeitos cognoscentes, e submetida à rigorosa e detida análise de seu núcleo (verbo e complemento), bem como das determinações espaço-temporais que o condicionam, de tal sorte que se apresenta o caminho que nos levará à intimidade sintática e semântica daquela estrutura linguística.

Trata-se de um modo de ver e de estudar o direito tributário que se situa fora da vala comum das construções dogmáticas tradicionais, livre dos torneios "meramente retóricos", proporcionando uma concepção rigorosa desse território do saber jurídico, tão discutido nos dias atuais.

Assim, munido deste arsenal teórico, pode-se investigar a percussão da norma tributária, acompanhando-lhe a trajetória para pôr em evidência o momento exato da aplicação, vale dizer, da incidência jurídica da regra, assinalando a presença do aplicador como aquele que promove duas operações lógicas: uma, de subsunção; outra, de implicação formal. Assim, fica bem claro que as estruturas somente se movimentam quando ocorrer a intervenção do ser humano mediante ato próprio, interpondo-se entre duas unidades do sistema normativo.

* * *

Na visão do Constructivismo lógico-semântico, há concepções que já se estabilizaram, fazendo parte daquele subdomínio que pavimenta as bases desse modelo metodológico. Uma delas é que o conteúdo dos critérios da regra-matriz de incidência pode encontrar-se em qualquer norma jurídica, tanto em sentido lato, como em acepção estrita, constituindo a constelação necessária, em torno da qual se agrupam as determinações possíveis da experiência. Numa perspectiva meramente sintática, a regra-matriz é a forma, aquilo que há de constante, de homogêneo, de permanente, de imutável: o instrumento lógico que nos permite olhar para o plano existencial e, saturando suas variáveis com a linguagem do direito posto, atribuir-lhe significação, que é seu conteúdo. Eis um modo de observar detidamente o chamado "fenômeno da incidência", para analisá-lo como bem nos aprouver.

* * *

A construção da regra-matriz de incidência, como instrumento metódico que organiza o texto bruto do direito positivo, propondo a compreensão da mensagem legislada num contexto comunicacional bem concebido e racionalmente estruturado, é um subproduto da teoria da norma jurídica, o que significa reconhecer tratar-se de contribuição efetiva da

Teoria Geral e da Filosofia do Direito, expandindo as fronteiras do território científico. É claro que nesse percurso vai um reposicionamento do agente do saber jurídico perante o impacto da incidência e, nele, sujeito, uma cosmovisão que se situa, declaradamente, no âmbito do chamado "giro linguístico". De qualquer modo, o esquema da regra-matriz é um desdobramento aplicativo do "constructivismo lógico-semântico" sugerido com tanta precisão na obra e no pensamento de Lourival Vilanova. E sua repercussão no Direito Tributário vem acontecendo com surpreendente intensidade. Somam-se, hoje, centenas de textos que empregam essa orientação epistemológica para aprofundar a investigação em matéria de tributos, certamente pelo seu vigor analítico e pela fecundidade das notações semânticas e pragmáticas que suscita, valendo ressaltar que têm sido auspiciosos os resultados práticos dessa proposição elaborada, originariamente, no plano teórico. Sua utilização nos conduz àquele momento decisivo em que a teoria e a prática se encontram para propiciar o domínio da mente humana sobre o mundo circundante, particularmente, no nosso caso, a propósito das complexidades do fenômeno jurídico da incidência tributária.

19. O Direito e suas fontes

Quem sabe o estudo das fontes seja dos mais apaixonantes temas da Filosofia e da Teoria Geral do Direito. Tomando por pressuposta uma visão grandiosa que retrocede às origens do dado jurídico, como algo que advém do social, mas se volta novamente para nele atuar, cumprindo assim o *telos* para o qual foi concebido, a verdade é que a pesquisa sobre esse assunto é sempre rica e cheia de alternativas, levando-se em conta que a doutrina jurídica se tem dado por satisfeita com as construções até agora oferecidas.

Tenho para mim que indicar a lei, a jurisprudência, o costume e a doutrina como fontes do direito tributário seja proposição que não resista a uma análise mais detida. Sobre manifestar irrefletida repetição de um desacerto da própria doutrina, ignora o princípio da razão suficiente que há de incidir nos fenômenos sociais, evitando o fundamento no vazio. O primado da causalidade não está presente apenas nos domínios do físico-natural. A observação dos acontecimentos no mundo da cultura revela que tais ocorrências estão submetidas, também, ao princípio da regularidade universal, havendo-se de perquirir, na multiplicidade qualitativa de causas possíveis, quais aquelas que se mostram idôneas para produzir certos resultados. Trata-se da causalidade intersistêmica que se dá entre os processos do subsistema econômico, político, social em sentido estrito, religioso etc. e as modificações que venham a suscitar no subsistema jurídico-normativo.

Não é, simplesmente, o apego a uma visão antropocêntrica, vislumbrar o ser humano, num ato de volição, expedindo uma norma individual e concreta, após interpretar outra regra, essa geral e abstrata. Tal é o dinamismo do direito, que se impõe, com muita força, às nossas intuições sensoriais, intelectuais e emocionais, movendo-se nos horizontes de sua própria estrutura, para avançar em direção às condutas intersubjetivas. É a nomodinâmica a que se referiu Kelsen, com a norma jurídica aparecendo como produto de algo material, de algo dependente da experiência histórica e que é a vontade. Certo que os critérios para a expedição da norma adventícia são colhidos em outra norma do sistema, mas tudo mediante um ato volitivo.

Percebe-se, claramente, que a manifestação de vontade do órgão encarregado de editar a norma, aplicando as diretrizes recolhidas em outra regra, interpõe-se entre as unidades prescritivas, de tal sorte que somente em homenagem à homogeneidade do saber descritivo da ciência é que se faz o corte metodológico, retirando-a do campo objetal. Daí a configuração do direito posto, que é tomado como conjunto de normas jurídicas, hierarquicamente organizadas na forma superior de sistema.

Ora, se pensarmos que o direito se apresenta, ostensivamente, em linguagem, e que a ciência que dele se ocupa tece também um discurso linguístico, mas de sobrenível, veremos que, mesmo sem qualquer exagero, é decisivo e sobretudo aparente, em toda a sua extensão, o papel da linguagem no estudo do fenômeno jurídico.

Com efeito, é preciso uma linguagem intermediária entre a teoria e a prática, para tornar possível a atuação dos enunciados da ciência, nas muitas regiões do conhecimento. E tal linguagem, de caráter técnico, intercalando-se entre aquelas outras duas, possibilita a implantação das categorias teoréticas na região da *praxis*.

20. Ficções Jurídicas

Entre as muitas peculiaridades do deôntico-jurídico, uma é a presença de expedientes inesperados e inexplicados que recebem o nome de "ficções". No fundo, são cortes imprescindíveis à montagem e à própria configuração organizacional do sistema. Proposições que não se ajustam ao que chamamos de "realidade" e operam para que seja possível governá-la, encaminhando os fluxos das condutas inter-humanas para a realização dos valores que a sociedade pretende implantar. Afinal de contas o direito existe para *incidir* na realidade e não para *coincidir* com ela, como disse Lourival Vilanova. Ora, é justamente naquele espaço que excede a coincidência, quando o direito ultrapassa os limites do previsível e mesmo do possível no quadro do real-social, que aparecem e comparecem as ficções.

Sem tais recursos, de caráter extratológico, o legislador encontrar-se-ia atrelado à causalidade físico-social, impotente de prosseguir em direção às suas finalidades. Enfim, o direito cria seus próprios elementos a tal ponto que o "bom senso" não pode compreendê-lo, cedendo lugar ao "senso jurídico". Mas, esse *descontinuum* é constitutivo do mundo interior e exterior, assim como os seres humanos o veem. Disse-o Pontes de Miranda de forma lapidar: o *cindir* é desde o *início*. Não é só a intuição sensível, mas a intelectual e a emocional movimentam-se mediante cortes implacáveis e incisivos. Realmente, se pensarmos bem, tudo é cortado e recortado. A circunstância, em si mesma, já se manifesta num corte que o nosso espírito promove, sem que muitas vezes o percebamos, e de maneira fulminante. Isso conduz a uma *apologia do corte.*

* * *

Parece-me inadequado mencionar o direito como algo que se inscreva no quadro geral do "bom senso". Não. Prefiro tomar o direito como "senso jurídico" e, muitas vezes, aquilo que separa esses dois "sensos" é, justamente, a presença das ficções. Onde houver direito haverá, certamente, esse tipo de linguagem que, longe de destoar da realidade social em que vivemos, discrepa, isto sim, das demais construções do jurídico-positivo. O produto legislado passa a ser, não apenas uma construção racional do legislador (tomado, aqui, em sentido amplo), mas algo que surpreende essa própria racionalidade. Trata-se de subdomínio que não se submete à força inexorável da prova, instrumental poderoso que acompanha o fenômeno jurídico em quase toda sua extensão. Para quem observa o direito em face do objeto de outras ciências. Há a inevitável surpresa das ficções. Não se confunda, porém, ficção com os axiomas. A ficção não é apenas ponto de partida: é, ela mesma, regulação de conduta, seja diretamente, ao modalizar, com termos deônticos, comportamentos em dissonância com preceitos de idêntico teor prescritivo, quer ao qualificar pessoas, situações e coisas, o que também implica disciplina, mas indireta, de condutas inter-humanas. Lembremo-nos de que a norma só adquire seu sentido pleno, quando se refira à ação entre sujeitos.

21. Derivação e positivação

A atividade de derivação bem como as operações enunciativas que o processo de positivação requer exigem constantes e apurados controles dos plexos normativos do direito posto, já que atuam no âmbito da nomodinâmica, em que o ordenamento permanece em estado de incessantes movimentos e ininterruptas acomodações. Esse clima de ajustes, contudo, não impede que o observador promova iterativas e imaginárias paralisações, com o objetivo de tornar possível a análise, surpreendendo a mudança e opinando a respeito de sua pertinência as diretrizes do conjunto. Eis uma providência metodológica básica e preliminarmente se atinarmos à circunstância de que ele se inscreve no quadro do chamado construtivismo lógico-semântico, com sua pretensão de aprimorar o discurso, outorgando coesão ao texto e, sobretudo, estabilidade e firmeza na transmissão da mensagem.

* * *

Positivação e derivação não são processos simétricos. Positivação é sequência de atos ponentes de normas no quadro da dinâmica do sistema. Seu trajeto é uniforme e a direção, sempre descendente. Já derivação é operação lógico-semântica em que se articula uma unidade normativa a outras que lhe são sobrepostas ou sotopostas na hierarquia do conjunto. Cada impulso de positivação provoca um vínculo de derivação. Com isso, o jurista compõe o cálculo de normas, conjugando-as para agrupá-las, mediante iniciativas de coordenação ou em movimentos ascendentes e descendentes sugestivos de subordinação. Da norma hipotética fundamental (Kelsen), atravessando o domínio até chegar às normas terminais do sistema, nas imediações das condutas intersubjetivas, há extenso caminho a ser percorrido. Mas o interessado pode circunscrever porções de normas e montá-las como subsistema, limitando a atividade intelectual a certos núcleos semânticos que melhor satisfaçam a suas preocupações de pesquisa.

Se, de N^1, a autoridade saca N^2, então esta última é derivada de N^1 ou, podemos dizer que N^2 se fundamenta em N^1. Nada impede, contudo, que utilizemos o caminho oposto, afirmando a derivação de N^1 para N^2.

Propriedade que está presente no processo de derivação é a recuperação do ato de fala intercalar às duas normas: a contar de N^2, vai-se ao sujeito emissor, analisa-se a enunciação produzida e chega-se à fundamentação lógico-semântica em N^1. No contexto das operações lógico-semânticas que revelam a atividade de derivação, há também os relacionamentos oblíquos e até descendentes. Mas, em nenhuma hipótese deparamos com a expedição de normas. Estas denunciam o procedimento de positivação, iniciando ou prosseguindo ou encerrando a formação de cadeias de enunciados prescritivos. Agora, se na derivação não há positivação, o mesmo não acontece com esta última, que abriga, no seu âmbito, intenso exercício dos procedimentos lógico-semânticos relativos à derivação.

* * *

Inexiste processo de derivação sem atividade de positivação que a anteceda ou como algo que, de imediato, lhe seja subsequente. Daí a bidirecionalidade da derivação: ascendente ou descendente. Desenvolva-se um processo de derivação e será iminente o aparecimento de cadeias de positivação, caso já não tenha sido o próprio foco ejetor das operações porventura iniciadas. Além disso, o imaginário é fator constitutivo do raciocínio jurídico. Basta refletir sobre o fenômeno da incidência e desfilarão, pela cabeça do jurista, situações irreais, tão só pensadas. Tais ocorrências, devidamente alojadas nos critérios de algum antecedente normativo, seriam suficientes para irradiar efeitos jurídicos que alimentariam o campo das nossas cogitações. A atividade de positivação, portanto, não se confundindo com as operações lógico-semânticas de derivação, hão de estar sempre ao alcance do intérprete, delas lançando mão ou devendo estar preparado para praticá-las, expedindo normas jurídicas, como órgão do sistema. No nosso caso, porém, há apenas a iminência, o estar alerta, o permanecer atento, atitudes suficientes para justificar o título da obra. Vem, contudo, em segundo lugar, pois o exercício que desenvolvo, ao percorrer a temática escolhida, é manifestamente de derivação.

* * *

O movimento da chamada derivação está integralmente contido no âmbito da interpretação. Esta, porém, é mais abrangente, assumindo a forma de atividade que se propõe atribuir sentido ao texto normativo ou nomear o próprio resultado dessa ordem sequencial. Eis a interpretação como processo/produto, dualidade que costuma trazer certos problemas de índole semântica, num discurso que se pretenda mais rigoroso. De minha parte, não utilizo a palavra no sentido de descobrir, extrair, revelar, mas sim de construir, elaborar, atribuir e outros sinônimos, como se fora uma tradução, pois reformula o texto examinado, oferecendo-o em outros padrões linguísticos. Na sua ínsita bidirecionalidade, a interpretação é pressuposto indeclinável da aplicação, onde se situa a positivação do direito e abriga igualmente o processo conhecido por integração, quando o intérprete se depara com lacunas e antinomias. Não fosse assim, aliás, e as porções de enunciados prescritivos que exibissem problemas desse teor seriam ininterpretáveis, o que me parece uma conclusão absurda. Tenho por assente que a integração é apenas um momento do percurso gerador de sentido, fazendo parte do processo interpretativo.

Aproveito a oportunidade para fixar alguns termos que darão mais firmeza à mensagem. Em escritores anteriores, tenho utilizado a dualidade *norma jurídica em sentido amplo* e *norma jurídica em sentido estrito*, fazendo valer um recurso clássico do pensamento cognoscitivo, que propicia o avanço do raciocínio nos horizontes da ciência e da filosofia. Desse modo, toda e qualquer frase lavrada em documentos normativos, ainda que não apresentadas mediante referências deônticas, adquirem o *status* de *norma jurídica em sentido amplo*, ao passo que as construções de sentido que nossa mente organiza segundo o esquema lógico do juízo hipotético receberia o nome de *norma jurídica em sentido estrito*. De ver está que estas últimas nunca aparecem revestidas da forma de enunciados prescritivos. Não aparecem, mas comparecem na condição de conteúdo daquelas formas. Mesmo que o legislador apresente o comando montado, segundo o modelo condicional-hipotético, o destinatário terá de adjudicar significações às peças do juízo, para outorgar substância à mensagem legislada. Quer isso dizer que as *normas jurídicas em sentido estrito* não dispensam o trabalho interpretativo de construção de significado, o que implica reconhecer que o mundo dessas normas (em sentido estrito) é da ordem do inefável, insuscetível, portanto, ao conhecimento pela via da intuição sensível, pela singela leitura, por exemplo, se estivermos tratando de texto escrito. Dou como premissa também que o processo interpretativo é sempre necessário: de que maneira afirmar a clareza de um dispositivo sem atribuir-lhe significação? Penso ser, por isso, absolutamente descabido o brocardo latino *in claris non fit interpretativo* ou *interpretativo cessat in claris*. O tema da interpretação é amplo e requer apurado esforço de pesquisa para fins de sistematização apropriada. O que se faz aqui são simples anotações, proporcionando material para pensarmos um pouco mais a respeito do assunto. No hemisfério das correlações que tanto favorecem o conhecimento e a absorção das ideias, poderíamos dizer que a *derivação* está para a *interpretação*, assim como a *positivação* está para a *aplicação* do direito. Formalizando, D:I::P:A.

Pois bem, foi em função de reflexões como essas que entendi mais recomendável à precisão da linguagem normativa, utilizar a expressão enunciado prescritivo para mencionar a forma escrita consignada no texto, reservando a entidade norma para aludir à construção de sentido que o intérprete elaborou (refiro-me, novamente, ao documento escrito, mas vale para outras linguagens em que o direito se manifeste). Não travamos contato com as normas pela visão ou por outra intuição sensível, de modo que, se quisermos transmiti-las, deveremos criar formas específicas que, por sua vez, serão objeto de interpretação por quem as recebe. A intermediação da forma é indispensável. Se o sujeito A pretende transmitir ao sujeito B u'a norma N, deverá expedir a forma F, que será interpretada pelo receptor. Sendo eficaz a escolha da forma, B terá em sua mente o conteúdo de significação pensado por A. Agora, de quantos enunciados prescritivos precisarei para chegar a u'a norma, isso vai depender do grau de complexidade da elaboração legislativa. Claro está que a produção de uma simples unidade costuma não ter o condão de fazê-lo.

Todavia, de uma pluralidade de enunciados, como soe acontecer, chegaremos ao mandamento do legislador (empregada a palavra aqui, em sentido largo).

Aproveito para estipular, também, a expressão documento jurídico-prescritivo como aquele que contém enunciados dessa ordem. Seja ele o Estatuto Supremo, uma lei, atos do Poder Judiciário, atos do Poder Executivo e até os do setor privado, no modo próprio que a ordem jurídica prevê, como o testamento, os contratos, os atos unilaterais de vontade etc. O documento jurídico-prescritivo é a base física, o substrato material em que os sujeitos de direito materializam seus atos de fala. Trata-se de dado tangível que chega ao destinatário para ser objeto de interpretação.

Sendo assim, a matéria de que se ocupa a Ciência do Direito não é, somente, o conjunto das normas positivadas pelos órgãos do sistema, mas tudo começa no encontro com os enunciados inscritos nos documentos prescritivos. As "normas" ou "regras", como indistintamente venho empregando, são construções do intérprete que assim opera, seja para ter acesso à substância da mensagem, com ânimo cognoscitivo, seja para aplicar o direito ao caso concreto, realizando sua eficácia prescritiva. O primado da intermediação da forma brilha novamente pela sua presença. Aquele que pretenda simplesmente conhecer o conteúdo jurídico do direito positivo terá que partir da forma dos enunciados e construir as unidades normativas, estruturando-as, depois, na forma superior de sistema. De igual maneira, as autoridades competentes, enquanto órgãos credenciados, terão que empreender idêntico processo, partindo da base empírica (forma) dos enunciados, para compor os juízos hipotético-condicionais, esquema inafastável do aparecimento das normas. Ambos, porém, tanto o agente do conhecimento, como o aplicador, responsável pela positivação do direito, haverão de expressar os conteúdos obtidos mediantes outras formas. O método empírico-dialético, próprio dos objetos culturais, como o direito, aparece aqui com toda a força de sua evidência.

Dessas anotações advém uma conclusão importante: o percurso de acesso que nos leva à formação das normas não é privilégio dos aplicadores, nem exclusividade do cientista. É estação obrigatória para os dois. O primeiro, como condição da expedição de outras normas; o segundo, como instância imprescindível para desenvolver a tarefa crítico-descritiva que se propõe realizar.

* * *

O processo de positivação manifesta a dinâmica do ordenamento jurídico, o direito em marcha, compondo-se, recompondo-se e decompondo-se, por iniciativa do ser humano que, de maneira intercalar, movimenta suas estruturas, desde o Texto Fundamental até a plataforma dos comportamentos interpessoais. Locomovendo-se entre as unidades do sistema, vai o homem cumprindo sua missão de governar a realidade social, disciplinando-a para implantar valores e garantir a convivência no âmbito da paz e da harmonia, como se quer numa sociedade organizada. Vê-se logo que a nomodinâmica, para ser bem compreendida, requer uma perspectiva histórica, mesmo porque, sem ela, não há falar-se em objeto da cultura, região ôntica à que pertence o direito. Sabe-se que a atividade de positivação implica a de derivação, se bem que a recíproca não seja verdadeira: pode haver derivação sem positivação, entendendo-se a primeira como a operação lógico-semântica em que se articula uma unidade normativa a outras que lhe são sobrepostas ou sotopostas na hierarquia do conjunto. A derivação é sempre possível, mesmo que dela não resulte impulso de positivação.

PARTE 2

DIREITO CONSTITUCIONAL TRIBUTÁRIO

1. Historicidade e Direito

Concebido o direito positivo como objeto do mundo da cultura, sua historicidade será presença inafastável do correspondente processo cognoscitivo. A camada de linguagem prescritiva – voltada para a região das condutas interpessoais, com o propósito de disciplina-las implantando valores, à que chamamos de ordenamento jurídico – surge no contexto social como gradativo depósito de objetivações históricas.

Com efeito, as oscilações semânticas por que passam os signos idiomáticos no seio da sociedade têm que ser acompanhadas evolutivamente, para podermos compreender o objeto cultural "direito", na plenitude de seus conteúdos de significação. Isso implica, desde logo, reconhecer que a construção da norma jurídica se acha condicionada por situações factuais que organizam o contorno existencial do sujeito da interpretação, a partir das quais se inaugura o percurso gerativo de sentido. Mais. Que a sucessão cronológica dos acontecimentos seja devidamente investigada, tomando-se como ponto de referência as circunstâncias mesmas que cercaram a edição da norma interpretada.

No que tange ao direito tributário, como ordem posta, tudo se passa da mesma maneira. O vocábulo "tributo", que já experimentara acepções francamente negativas, como instrumento de opressão e de discriminação social, atravessou os séculos, vivendo-os intensamente, para assumir, nos dias atuais, a configuração de um valor caríssimo, em que são punidos os comportamentos violadores do mesmo modo como se tutela o valor "vida humana" ou se protege a integridade física das pessoas. Nessa linha, é uma constante das legislações modernas a preocupação com o fiel cumprimento dos deveres jurídico-tributários por parte dos destinatários, o que representa, por outro ângulo, a luta sempre viva para dar eficácia aos mandamentos legais.

* * *

À evidência, o sistema tributário brasileiro surge no âmago desse processo empírico onde o direito aparece e comparece como autêntico produto da cultura, acumulando-se no seu historicismo para projetar o entusiasmo de uma sociedade que olha para o futuro e pretende vivê-lo com a consciência de suas conquistas e com a força de seu espírito.

Sua configuração jurídica reflete bem as instituições básicas de um Estado complexo e acompanha o constante aumento da complexidade das sociedades pós-modernas. O domínio dos sistemas lógicos fechados, às múltiplas conquistas tecnológicas e sociais, trouxe horizontes novos para o conhecimento, permitindo ao ser humano ingressar em campos até então inimagináveis. E o Direito, entre os objetos da cultura, recebe os influxos dessa revolução empreendida em todos os setores do saber.

A boa acolhida das mensagens normativas – quer as editadas pelo Poder Legislativo, onde se demoram, em profusão as regras gerais e abstratas, quer as geradas pelo Poder Executivo, como aquelas que advêm do Judiciário e, também, porque não dizer, todas as que a lei atribui iniciativa do setor privado – torna-se um desafio constante a quem se propõe, por qualquer motivo, interpretar, para compreender, o sistema tributário nacional.

Pois bem. Já que é inevitável o crescimento da normatividade, em todos os segmentos da vida social, traço característico da hipercomplexidade das sociedades pós-modernas, o mínimo que se pode esperar é o expressivo esforço das contingências desse aumento com instrumentos eficazes de ação. Para o desempenho dessa tarefa, o construtivismo lógico-semântico aparece como poderosa ferramenta, produzindo frutos da melhor qualidade nos domínios do Direito Tributário.

2. Princípios e fundamentos da República Federativa do Brasil

É preciso dizer que o sistema de direito positivo está imerso na realidade social, de tal sorte que o domínio do jurídico somente aparece aos olhos do interessado por efeito de um corte de linguagem que isola aspectos e seleciona caracteres. Para compreendê-lo, todavia, torna-se imprescindível recuperá-lo na sua dinâmica existencial, momento em que o ponto de vista histórico passa a ser decisivo.

Analisados os processos de produção normativa, surpreendidos no plano empírico-social, travaremos contato com tudo aquilo que, direta ou indiretamente, teve o condão de influir para a formação do ato volitivo que atingiu o nível de intencionalidade objetivada.

Ora, a conturbada trajetória dos sistemas tributários brasileiros, desde os tempos do descobrimento até hoje, é uma função nítida dos acontecimentos históricos pelos quais passamos, gerando instabilidades e insatisfações que acabaram, teimosamente, por provocar baixos índices de eficácia social.

Muito bem. Todo país deve ter orgulho de sua história, síntese de conquistas e de realizações, mas também repositório dos malogros e dos fracassos que a progressão do tempo implacavelmente registra. E o Brasil tem muito para celebrar nesses mais de quinhentos anos de existência: a integridade de seu território, defendido ardorosamente em circunstâncias memoráveis e expandido por feitos de grande coragem, assim como por eficientes manobras diplomáticas; a unidade da língua, falada do mesmo modo em toda a extensão do país; a integração das três raças fundantes da nacionalidade, bem como o modo afável como os brasileiros receberam as correntes migratórias; a enorme criatividade expressa em sua música popular, tanto na manifestação idiomática, quanto na profusão de gêneros e de ritmos. Tais conquistas, certamente, seriam motivo de júbilo para qualquer nação. Mas, a história não pode passar por alto pelos graves problemas que nos afligem. Ninguém pode conformar-se com a má distribuição da riqueza, com o débito imenso do Estado, com a insegurança pública, com o descuido acerca de providências básicas em termos de saúde e educação, com as páginas lamentáveis dos golpes políticos, da tortura, do atraso na assistência social e, sobretudo, com a mancha inextinguível de ser o Brasil considerado o maior império escravista da história da humanidade. Nesse campo, aliás, aquilo que nos consola é verificar que nunca houve povo que não fizesse inscrever na sua história acontecimentos sobre os quais, mais tarde, viesse a se envergonhar. Sendo assim, o máximo que se pode almejar é a tomada de consciência dos cidadãos do presente, a respeito dos erros cometidos no passado. A marcha do tempo, contudo, provoca uma síntese inevitável porque o processo histórico é necessariamente contínuo e a avaliação não pode deter-se apenas nos aspectos negativos.

Com todos os sofrimentos, o Brasil segue sua caminhada em direção ao futuro e aos brasileiros cumpre conhecer sua história para nela compreender sua identidade cultural.

* * *

Para a visão institucional do direito, é possível dizer que as normas jurídicas se aglutinam em torno de núcleos básicos de significação, como se fora constelações ou microssistemas que, ulteriormente, se organizam para formar blocos cada vez mais compactos, assim progredindo para atingir a forma superior de sistema: são os institutos, feixes de enunciados prescritivos onde a existência humana, em suas relações de intersubjetividade, se projeta no tempo histórico e no espaço social, permitindo ao legislador, em nome da sociedade e de seus valores, buscar a disciplina harmoniosa da convivência entre os homens. Essa formação obedece a um rigoroso padrão axiológico em que o direito à vida ocupa, por motivos óbvios, lógicos e teleológicos, a posição decisiva e estratégica de centro gravitacional do conjunto. Reduzindo o tema à sua expressão mais simples, vale expressar que é por causa dele que o sistema existe, resiste e persiste, sendo a partir dele e em função dele que os chamados direitos e garantias fundamentais do ser humano se expandem por todo o domínio do jurídico, impregnando as normas que qualificam pessoas, situações e coisas, para tornar possível a regulação das condutas. Aliás, lembra-nos o Prof. Lourival Vilanova (*Escritos Jurídicos e Filosóficos*, Axis Mundi - IBET, dezembro de 2003, pg. 435) que podemos conduzir outrem a fazer ou deixar de fazer alguma coisa por meio da ordem, da súplica, do aconselhamento, da persuasão, da exibição racionalizada de motivações inconscientes, utópicas, ideológicas; mediante o exemplo que gera a imitação, ou valendo-nos do mágico e do sacral. Mas, acrescentamos, o direito serve-se da linguagem das ordens e dos comandos, autorizando, proibindo ou obrigando, que são os três – e somente três – modais deônticos, marcados pela presença do aparato jurisdicional, pronto para efetivar as sanções estabelecidas. Tudo isso, contudo, levando sempre em conta o pressuposto indeclinável do direito à vida. Na ordem da ação, continua aquele mestre, é indispensável manter o postulado da dignidade ética do homem – suporte dos direitos humanos e núcleo antropocêntrico do direito posto – de tal modo que, com a liberdade, por exemplo, não se pode ir até o ponto de ser livre para dispor da liberdade, renunciando-a. Por isso, também com a democracia, que é forma política de institucionalizar a liberdade jurídica, não é lícito usá-la com o fim de implantar a antidemocracia. Ora, se assim é com tais estimativas, que podem vir a ser excepcionadas em casos-limites, mas que têm como pressuposto estruturante o direito à vida, como não proclamar, em alto e bom som, o fundamento dos fundamentos, o valor elementar, porque primeiro na ordem das estipulações, para tomá-lo como algo intangível que há de ser considerado em sua mais ampla e abrangente dimensão significativa, no sentido verdadeiramente absoluto? O direito à vida está para o jurídico, assim como os conceitos de ponto, reta e plano estão para a geometria euclidiana: são postulados fundamentais e irremovíveis.

Há momentos em que a grandeza do valor que ingressa na composição da disciplina jurídica requer a firmeza e a determinação de quem legisla, motivado pela outorga de consistência ao ordenamento que se propõe construir. Já que se trata de um discurso linguístico, cabe-nos afirmar, em termos absolutos e definitivos, ao menos uma preferência que há de presidir a todas as demais, como proposição inaugural, autêntico postulado axiológico que sirva de plataforma para as construções subsequentes. Eis o direito à vida, a prerrogativa mais elevada e o marco mais edificante do existir humano.

* * *

Claro está que o volume imenso de questões levantadas no direito interno não poderia impedir que dirigíssemos nossa atenção para os problemas que envolvem o relacionamento internacional do Brasil com seus vizinhos e parceiros, na busca de objetivos comuns, como é o caso do Mercosul.

Creio que em nenhum outro momento do tempo histórico os ideais de Justiça Tributária foram tão de perto ameaçados, pondo em perigo nossas mais caras instituições, principalmente porque a velocidade das informações precipita acontecimentos e provoca decisões repentinas, nem sempre em harmonia com as expectativas que o senso jurídico recomenda.

3. Sistema constitucional tributário

Com o advento da Constituição Federal de 1988 e com a tomada de posição metodológica do Constructivismo

Lógico-Semântico de Lourival Vilanova, percebi a necessidade de escrever sobre as reflexões que eles provocaram em mim. De início, a possibilidade do exercício de reflexão serena e compassada a propósito de modificações introduzidas pelo constituinte, as quais, gradativamente, foram exibindo sua presença em setores do direito positivo que o exame do primeiro momento não poderia surpreender. Ao lado disso, estudos sistemáticos que vimos empreendendo a respeito do pensamento jurídico-filosófico do Prof. Lourival Vilanova, cuja profundidade, vertida numa análise fina do fenômeno normativo, iluminando profusamente a solução de problemas práticos, é um convite reiterado à meditação e um impulso decisivo à reformulação de posições doutrinárias que a tradição nos incute, sem que tenhamos tempo de submetê-las a um juízo crítico mais severo. Passada a fase de amadurecimento, urgia modificar aquelas ideias ultrapassadas no tempo e no espaço, modificação esta que iria desde a singela modificação de vocábulos do texto, até o radical abandono de estruturas teóricas envelhecidas, ou que se mostraram imprestáveis perante a dinâmica e palpitante realidade dos fatos sociais. Afinal de contas, o direito existe para incidir (e não "coincidir") na região material da conduta, disciplinando as relações intersubjetivas. Tal lembrança é uma advertência constante que há de manter viva a atenção do cientista do Direito e do jurista prático, no sentido de buscar, incessantemente, a operacionalidade das construções dogmáticas.

* * *

Dentre os muitos legados que a obra fecunda de Geraldo Ataliba nos deixou, está a necessidade premente de partirmos do Texto Constitucional para podermos compreender as devidas proporções do sistema tributário brasileiro. Sem uma tomada de posição consciente a respeito das diretrizes sobranceiras estabelecidas pela Lei Suprema, fica difícil, para não dizer impossível, isolarmos a planta básica dos tributos, percebendo as peculiaridades de um subdomínio normativo cuja complexidade vem crescendo numa velocidade espantosa. Mais do que nunca, o esforço da atividade cognoscente, neste setor, reivindica uma drástica redução da multiplicidade extensiva de funções, órgãos e atividades, inerentes ao fenômeno impositivo, para que possa aparecer, como resíduo, um plexo racional de enunciados, orientadores do raciocínio que vai nos conduzir à inteligência dos numerosos comandos prescritivos.

Na verdade, a mensagem do saudoso professor não se limitava à mera escolha do ponto de partida, mas proclamava, como providência indispensável, nessa linha de investigação, o saber da trilogia Direito Constitucional, Direito Administrativo e Direito Tributário, sustentada pelo hábil meneio das categorias da Teoria Geral do Direito.

Sem abandonarmos, por um instante sequer, esse precioso caminho especulativo, que tem como pressuposto o isolamento das normas, à maneira de Kelsen, podemos acrescentar as conquistas da Semiótica e de outras ciências da linguagem, como algo também imprescindível no prosseguimento dos objetivos cognoscitivos do jurista moderno, tendo em vista as construções de sentido que os textos legislados provocam em nossa mente.

* * *

Trata-se de pura idealização pensar na possibilidade de funcionamento de um subsistema social qualquer sem a boa integração dos demais subsistemas que formam o tecido social pleno. Não cabe cogitar da implantação de um primoroso modelo econômico, por exemplo, sem a sustentação das estruturas políticas e jurídicas que com ele se implicam. As virtudes da Constituição de 1988, que são muitas, fizeram imaginar um Brasil avançado e democrático, em que os direitos e garantias dos cidadãos se multiplicariam em várias direções. Mas, bastou a prática dos primeiros anos para nos fazer ver que as previsões da Carta Suprema não se concretizariam, sem o suporte de um plano econômico consistente e amparado, por sua vez, em procedimentos políticos e administrativos compatíveis com as dimensões do projeto. Algumas expectativas se frustraram, é certo, mas ficou a lição da experiência, da experiência vivida intensamente na operosidade turbulenta do convívio social, caracterizado pela instabilidade de suas relações.

O sistema tributário brasileiro surgiu no âmago desse processo empírico onde o direito aparece e comparece como autêntico produto da cultura, acumulando-se no seu historicismo para projetar o entusiasmo de uma sociedade que olha para o futuro e pretende vivê-lo com a consciência de suas conquistas e com a força do seu espírito.

Sua configuração jurídica reflete bem a complexidade das instituições básicas de um Estado igualmente complexo. Seria até ingenuidade supor que num sistema em que convivem pessoas dotadas de autonomia legislativa, financeira, administrativa e política, pudessem existir diretrizes simples e peremptórias que, em conjugação elementar com outras providências, tivessem o condão de esquematizar uma organização operativa e eficiente.

O sistema que temos foi forjado na prática das nossas instituições, nasceu e cresceu entre as alternâncias de uma história política agitada, irrequieta, no meio de incertezas econômicas internas e externas. Sua fisionomia é a do Brasil dos nossos tempos, com suas dificuldades, suas limitações, mas também com suas grandezas e, por que não dizer, com a surpreendente vitalidade de um país jovem, que marca, incisivamente, sua presença no concerto das nações.

Aquilo que de negativo se lhe atribuem nem sempre corresponde à realidade. Antes, porém, revela posturas de cunho ideológico já conhecidas de outras circunstâncias. Querem mudá-lo em nome de uma simplificação mais retórica do que efetiva; em nome da "racionalidade", princípio de difícil identificação, uma vez que dele precisamos para dele falarmos; em nome, até, de uma "progressividade" que viria a imprimir projeção mais dinâmica e justa à administração de certos gravames. Mal se lembram, contudo, que a Constituição de 1988 determinou que o imposto sobre a renda e proventos de qualquer natureza fosse progressivo, e "curiosamente", a partir desse marco, a legislação infraconstitucional passou a adotar tabela com apenas duas faixas de alíquotas, para a pessoa física, fora a de isenção, negando acatamento ao princípio superior, de redação cristalina. Isso nos faz refletir: será que o recente amor à progressividade é algo concreto, efetivo, um anseio consciente de uma comunidade jurídica treinada nas vicissitudes da difícil relação fisco-contribuinte, ou, de modo diverso, é pretexto oportuno para a implantação de outra sorte de medidas?

Aspirar à simplificação, à racionalidade, à eficiência econômica, à eficiência administrativa, à progressividade, ao fortalecimento da federação e da autonomia municipal, é o lugar comum de todos aqueles que se referem, em tom retórico, ao sistema tributário nacional. Considerá-lo, porém, como um eficiente produto da experiência jurídica, política e econômica do nosso país, curtido, demoradamente, no dia a dia das discussões administrativas e judiciais, bem como no pensamento aturado da dogmática, é algo que aponta para sugestões de muito equilíbrio e prudência. Mexer em alguma coisa que apresenta tal rendimento, com respostas ágeis e prontas aos estímulos da sociedade, como tem sido iterativamente demonstrado, é um passo difícil e que pode deixar marcas indesejadas.

* * *

Ocupar-se do sistema tributário a partir do texto constitucional é imposição inarredável, quando se trata do direito brasileiro, dadas as peculiaridades e a tradição histórica de nossas instituições. Em matéria de tributos, o sistema, que Christian Wolff chamou de *nexus veritatum*, foi concebido e está cravado no Estatuto Supremo, de tal modo que estudá-lo a sério supõe reflexões aturadas a respeito da organização constitucional do ordenamento vigente. O assunto, sempre é bom frisar, foi versado de maneira inexcedível por Geraldo Ataliba, que demonstrou o asserto em páginas memoráveis.

Por outro lado, uma das posturas cognoscentes de quem toma o jurídico como objeto de preocupações é, certamente, a de descrevê-lo no seu processo crescente e contínuo de produção de normas jurídicas, momento em que se revela o impulso do direito para se dirigir à concrescência da vida humana em sociedade. A vocação de projetar-se com esse vetor direcional para o plano das interações entre os indivíduos mostra o jurídico em pleno vigor de sua experiência, atuando para realizar seus objetivos e, desse modo, implantar os valores que persegue.

A escolha, porém, do segmento que será isolado para os fins da "construção descritiva"; do intervalo de normas a ser fixado metodologicamente como o "domínio do objeto", é decisão de puro caráter subjetivo, inspirada pelas preferências e inclinações de cada observador ao conceber a elaboração do trabalho. Sobre o tema, aliás, é preciso dizer que carece de sentido emitir juízos de valor a respeito do maior ou menor cabimento no separar-se determinada porção do direito posto, já que a pretensa "neutralidade científica" garantiria sempre a legitimidade da indicação.

Acontece que o ser humano, atrelado inexoravelmente aos tempos e aos espaços do seu contorno existencial, contido pelos horizontes de sua cultura, mesmo naquelas contingências em que se sente tomado de forma arrebatadora pelos encantos da razão, não pode apartar-se, um instante sequer, dos quadros e dos padrões axiológicos que lhe são ínsitos. E os valores atuam, ainda que silenciosamente, presidindo as decisões de cada conduta, de cada decisão, acompanhando de perto a mutável e turbulenta vida social!

Com esses torneios, pretendo deixar claro que seria lícito ao autor de uma obra jurídico-científica demarcar a região que melhor lhe aprouvesse do direito positivo para, sobre ela, fazer incidir seu esforço descritivo. A ninguém caberia impugnar-lhe a escolha ou censurar-lhe a iniciativa. Todavia, não posso deixar de enaltecer que a opção pela via constitucional, pelo enfoque da lei suprema, onde repousam os fundamentos de validade de todas as regras do sistema, oferece uma visão grandiosa do objeto, além de ordenar a descritividade, fazendo-a iniciar-se pela fundação última de todas as indagações que se situem na esfera própria da juridicidade.

Vale salientar, a propósito, que a concepção do sistema tributário montado pelo constituinte se assenta na estrutura mesma da formação jurídica do Estado brasileiro, com o inteiro teor de sua complexidade, uma vez que na raiz de todas as variações está presente a Federação, a República e os municípios autônomos, bem como suas implicações imediatas e indiretas. E o caminho percorrido para a consecução desse traçado foi o da repartição das competências entre as pessoas jurídicas dotadas de personalidade política: Estados, Municípios, Distrito Federal e União.

* * *

Nossa experiência jurídico-tributária é significativamente rica. Acompanhando as alternâncias sociais, políticas, econômicas, financeiras e administrativas, quer no setor público, como no setor privado, a sociedade brasileira vem aprendendo a exercitar suas prerrogativas, acomodando-se aos deveres que lhe cabe cumprir, mas postulando os direitos que lhe parecem legítimos. Essa vivência, que podemos chamar de uma participação ativa e efetiva na construção da sua própria história, modelou, sem que o percebêssemos, um sistema tributário operativo, atuante, que nem sempre realiza os valores constitucionalmente previstos, na conformidade de nossas expectativas, porém que funciona em termos concretos, propiciando arrecadações vultosas, que saem do capital e do trabalho dos contribuintes para ingressar nos cofres do Erário.

Para movimentar-se bem no domínio dessa realidade que começa com as superiores disposições constitucionais e vai ganhando corpo com os atropelos do dia a dia, nas contendas administrativas e judiciais, é preciso recolher as situações contenciosas e examiná-las com atenção, preparando os caminhos adequados e montando os procedimentos jurídicos mais eficientes para fazerem valer os direitos que o ordenamento consagra.

* * *

O dinamismo da convivência humana, na sua incessante e surpreendente criatividade, vai produzindo novas manifestações de relacionamento entre as pessoas, expandindo ações, desenvolvendo instrumentos e aperfeiçoando técnicas de aproximação. Enquanto série interligada de ações e omissões, esse mundo circunstante das condutas intersubjetivas, feito de proximidades e de distâncias, dá-se no espaço físico e no espaço social, perfazendo uma sequência indeterminável em termos quantitativos e qualitativamente inexaustiva. O fluxo do acontecer histórico é imprevisível e suas incontidas mutações acrescentam uma dificuldade enorme para o fim de gerar modos de controle e nutrir expectativas de padronizar conteúdos. Daí porque o sistema jurídico, abrindo mão das ocorrências efetivas, atém-se a formas de interação, a pautas de comportamento com referentes semânticos genéricos, providência que é sempre um *posterius* em relação ao fato social objeto das normas e que provoca o inevitável descompasso entre os dois planos: o da realidade social e o do ordenamento jurídico que sobre ela incide, numa "circularidade" que chama a atenção do observador e passa a ser um dos traços bem característicos da concepção pós-moderna do Direito. Esse intervalo feito pelo destempo, tido às vezes como demora ou atraso, encerra, para outros, o *quantum* de sabedoria, de equilíbrio, de comedimento, de prudência, que as construções jurídico-prescritivas portam como seu apanágio ou, quando menos, como marca indelével de seu caráter.

Seja como for, é naquele vazio cronológico que acontecem as coisas, se instalam as novidades, surgem costumes auspiciosos ou preocupantes, propostas de modificação pela via da instauração, da restauração, da revolução, mas é sobretudo nessa fração de tempo que a sociedade se dá conta dos bens culturais que ela mesma produziu, das técnicas inovadoras que foram inventadas pelo crescimento do domínio operacional do ser humano sobre a natureza que o cerca. Em ritmo surdo, às vezes até sem ele o perceber, avança o homem no domínio cognoscente das leis naturais, transformando meros laços de causalidade física em relações de meio-fim: eis o aparecimento de novas regras técnicas.

Habitar o espírito do nosso tempo, como diria G. Vattimo é, de certo modo, participar desse mundo de incertezas, acatar essa multidiversidade que a todo instante nos deixa admirados, escapando, minutos depois, do nosso controle; é tomar consciência do extraordinário salto tecnológico havido no setor da comunicação, com informações que se cruzam e entrecruzam em múltiplos sentidos, acrescentando outras e inesperadas combinatórias ao tecido já hipercomplexo das sociedades atuais.

O chamado "comércio eletrônico", por exemplo, que ganhou corpo com o advento da Internet, rede mundial ou rede das redes, é um subproduto da aceleração vertiginosa das conquistas da tecnologia, projetado sobre o campo das relações mercantis. Inserindo-se num processo de retroalimentação, a velocidade das mensagens atinge níveis sofisticados, que aprimoram a comunicação e se abrem em ramificações diversas por outros canais da convivência entre os indivíduos, para tanto colaborando, decisivamente, os sistemas computacionais das diferentes mídias. Não é preciso dizer que o impacto dessas transformações enriqueceu sobremaneira a participação subjetiva das pessoas envolvidas nos contratos, munindo-as de novas perspectivas sobre o negócio.

Agora, bem. Um dos ângulos da disciplina jurídica dessas situações comunicacionais é o tributário. Importa refletir, por isso mesmo, com que amplitude de compreensão nosso sistema constitucional vai permitir às pessoas políticas abrangê-las, dimensioná-las, mas, sobretudo, definir as linhas demarcatórias das várias unidades operacionais. E essa temática, nos dias de hoje, é algo que se afigura difícil e pressupõe o conhecimento minucioso do universo factual em que se processam as condutas.

Não se pode perder de vista a noção fundamental de que tanto a realidade normada quanto as próprias regras do direito positivo aparecem sempre na forma de texto. Nada melhor, portanto, que a concepção semiótica para submetê-lo a uma crítica rigorosa, passando e repassando a estrutura da ordem jurídica vigente, no que atina aos tributos, mediante uma série de considerações de cunho sintático, semântico e pragmático.

4. Guerra fiscal e o pacto federativo: É preciso que se faça uma reforma tributária?

Pois bem, a Federação, como forma de Estado, seria, teoricamente, o projeto mais apropriado para realizar os ideais democráticos do povo brasileiro. Assim já se pensava no final do 2º Reinado, com a queda da monarquia num país centralizado e de estrutura unitária. Dada a extensão do nosso território, não bastaria simplesmente desconcentrar o poder, mas descentralizá-lo mesmo, para expandir os focos de decisão até os pontos mais longínquos de suas fronteiras. E a Constituição de 1891, instituindo juridicamente a República, organizou o Brasil na forma de Estado Federal, seguindo o modelo dos Estados Unidos da América do Norte.

A marcha compassada da História, porém, é implacável. Vários acontecimentos ocorreram e a resistência à descentralização foi-se firmando para conservar a tradição centralizadora. A Revolução de 1930, o episódio do Estado Novo em 1937, o golpe militar de 1964 são apenas algumas referências ao movimento surdo, porém contínuo e sistemático, que minaram a estrutura proposta de Estado Federal, assim como concebida na Constituição de 1891, nada obstante os textos constitucionais subsequentes reafirmarem os propósitos federativos expressamente declarados naquela Lei Fundamental.

O processo de fortalecimento do poder central, todavia, avançou gradativamente, outorgando-lhe a primazia econômica e depois política, para, em seguida, consagrar-se em termos jurídicos. Basta observar as competências constitucionalmente estabelecidas na Carta de 1988 sobre a matéria tributária, instrumento essencial para o exercício da autonomia recíproca entre as unidades da "Federação". A União recebeu um feixe de competências legislativas que suplanta, largamente, o que foi atribuído aos Estados-membros e aos Municípios. E essa força centrípeta adquiriu, em termos econômicos, reforço extraordinário com a absorção da dívida dos Estados e dos Municípios pela União Federal, em 1975, assumindo, agora, a feição declarada de inequívoca hierarquia. Trata-se de situação denunciada pelo emprego frequente de termos como "entidades subnacionais" ou "entes menores" para fazer referência a Estados e Municípios em meio ao linguajar da política, do direito e da economia.

A linguagem dos números exibe a situação extravagante desse perigoso desequilíbrio. Em 2012, os tributos arrecadados pelo poder público federal atingiram, aproximadamente, 25,38% do PIB nacional; enquanto isso, a participação que coube aos estados membros foi de 8,96% e a dos municípios, 1,93%. Tamanha disparidade ganha contornos ainda mais graves quando se leva em conta a contínua renovação do expediente conhecido por Desvinculação das Receitas da União (DRU) a qual, desde 1994, estimula o incremento da receita pública por meio das contribuições que, diversamente dos impostos, não são submetidos à repartição com Estados e Municípios por intermédio dos respectivos fundos de participação.

Ora, se agregarmos a tais diferenças, que expressam enorme supremacia econômica fundada na discriminação constitucional de competências, à submissão também econômica das dívidas de Estados e de Municípios para com a União, tudo isso acompanhado das inevitáveis sujeições políticas que invariavelmente acarretam, o resultado é o reconhecimento cabal do imenso desconcerto que há entre as posições das três pessoas políticas de direito constitucional interno: União, Estados (Distrito Federal) e Municípios.

Não se trata, aqui, de comparar as vantagens jurídico-sociais e políticas de um Estado centralizado e de uma Federação. Nem reafirmar que o caminho mais curto e direto para implantar o valor "democracia" seja o da estrutura federativa, principalmente em face das dimensões do território nacional. Quero ressaltar, tão somente, o descompasso entre o que preconiza a Constituição brasileira, proclamando a forma federativa, com todos os princípios que lhe são imanentes, e a triste e precária realidade nacional, com suas instituições bem concebidas, mas impotentes para realizar a missão jurídico-social que delas seria de esperar. Tudo isso, pelo acentuado grau de distorção entre a macroestrutura jurídica e a base institucional vigente.

Os efeitos, sempre desconcertantes, são, entre outros, a guerra fiscal entre os Estados (e também, entre os Municípios); a disputa desordenada pelos *royalties* do petróleo; o desacordo sobre o adimplemento da dívida pública - que, aliás, se tornou praticamente impagável - dos Estados e Municípios para com a União; a inconstitucionalidade dos atuais critérios de divisão do Fundo de Participação dos Estados e a falta de acordo para a propositura e aprovação de nova lei sobre o assunto. São exemplos de problemas que se fazem sentir também pelos contribuintes, na forma de glosa inesperada de créditos, insegurança no planejamento de suas atividades, aumento de carga tributária, só para citar alguns.

De ver está que problemas dessa índole pressupõem um Poder Judiciário forte, pronto para enfrentar e resolver os superiores impasses da Federação. Como se nota, porém, apesar de instigado a fazê-lo, o Supremo não tem conseguido os resultados que a sociedade espera, precisamente em função do desconcerto entre a forma federativa e a realidade de Estado Unitário que o Brasil intensamente vive. Não é por outro motivo que Celso Seixas Ribeiro Bastos afirmou que a busca pelo federalismo é muito mais retórica do que prática. Não teremos, disse o mestre, uma autêntica democracia no Brasil se não houver forte tendência descentralizadora. Urge, pois, abrir mão de certas velharias inseridas na Constituição, que confundem a ordem federada com um mecanismo de convivência de Estados carentes de unidade nacional para abraçar a Federação como instrumento de democracia.

Paulo Bonavides, em termos mais incisivos e candentes, reconheceu:

> Somos hoje uma federação condenada à morte. Razões políticas, sobretudo sociais, lavram a sentença capital. Que política tem pois esse governo ou tiveram os governos antecedentes para levar a cabo uma reforma do sistema de tributos, suscetível de prevenir a consumação da tragédia federativa; que eu vejo prestes

> ao desenlace na forma submissa com que os Estados membros e os municípios se demitem de suas respectivas autonomias? Debaixo das omissões do Poder Central, as desigualdades sociais e regionais se avolumam, ficando os entes federativos sujeitos, por completo, às injunções da política econômica e financeira da União, à instrumentalização da dependência que os oprime e esmaga, quer nas negociações da dívida pública, quer na liberação de devoluções orçamentárias. Ficam, assim, à mercê doutra ditadura, complemento atroz da ditadura constitucional, que dissolve o poder democrático e faz da República e da federação a quimera dos constitucionalistas.

Ao integrar a comissão de especialistas indicada pela Presidência do Senado Federal, ao lado de outros juristas, economistas e administradores públicos, percebi a extrema dificuldade, a esta altura, de tomar providências importantes para o fortalecimento da federação. Acudiram-me à mente as palavras lúcidas e penetrantes do Professor Bonavides, ainda que isso implique a vitória do unitarismo e da centralização do poder jurídico-político no Brasil.

Ora, a guerra fiscal e os demais itens que atormentam a vida econômica e institucional da sociedade brasileira são apenas alguns dos subprodutos desse descontrole que tantos detrimentos já causaram. A tomada de consciência do desequilíbrio existente poderá abrir espaço para sugestões de outra ordem. Por enquanto, contudo, ou permanecemos com as desgastadas aspirações de cunho federalista ou, pelo contrário, deixaremos como está, vale dizer, Estados-membros sem autonomia, União cada vez mais forte, polarizando nela, pessoa política de direito constitucional interno, o foco ejetor das grandes decisões de caráter nacional. Esse passivo deixar acontecer, porém, significará, certamente, a submissão dos Estados e dos Municípios brasileiros, em ostensiva escala de subordinação jurídica, política e econômica, ao mesmo tempo em que reconheceremos o crescimento do poder de tutela da União, transformada, por conseguinte, em pessoa diversa, pois não poderá chamar-se mais de União Federal. Será o poder centralizador, a partir do qual se irradiarão a totalidade das políticas não somente regionais, mas estaduais e municipais também. O processo já está em marcha. É só esperar que se consolide.

Enquanto isso, os atritos continuarão, rendendo espaço aos problemas com os quais já nos acostumamos a conviver e a outros tantos que estão prontos a se manifestar, todos advindos do mesmo núcleo produtor de atritos e desalinhos, a contar, como salienta Ives Gandra da Silva Martins, da própria reforma tributária, emperrada pelos mesmos desajustes que alimentam o feixe das retaliações e dos ressentimentos entre os Estados da "Federação", tudo sob as vistas aflitas e impotentes daqueles que se interessam por equacionar situação de tamanha gravidade.

Gostaria muito de consignar hoje, transcorridos alguns anos dos trabalhos da Comissão, resultados auspiciosos, ao menos no campo específico da guerra fiscal, que tantos e tantos malefícios tem causado ao equilíbrio de nossas instituições e à estabilidade da convivência entre os Estados-membros da Federação. Bastaria até que acordos procedimentais estivessem em curso, anunciando eventuais encaminhamentos para a solução desse assunto. Tudo, porém, continua da mesma forma! Diria mais, que o desencontro se acentuou, consideravelmente. Os mecanismos de combate se aperfeiçoaram; os métodos de atuação das unidades federais ganharam novos alentos e recursos sofisticados foram introduzidos no modo menos ostensivo (todavia mais eficaz) de obter os resultados pretendidos. Intensificou-se a guerra fiscal, agora disfarçada em expedientes que somente se revelam numa análise mais apurada, o que significa reconhecer sensível dificuldade na utilização dos instrumentos coibitórios.

A Comissão fez seu trabalho, como se pode ver, pensado e organizado como um documento de alto nível técnico, bem apoiado por bases científicas sólidas e definidas. Os trâmites políticos, contudo, que já sabíamos imprevisíveis e altamente complexos, não favoreceram, ainda, a boa marcha do anteprojeto. De qualquer modo, porém, lá estão depositados critérios, diretrizes e formas que podem orientar os órgãos legislativos e de execução, no sentido de conduzir o trabalho em conformidade com os primados da Constituição da República, prestigiando, sobretudo, a Federação brasileira, nos seus traços fundamentais.

Ante este quadro, que é, então, da paridade que deve existir entre elas? Que é da proclamada isonomia entre as entidades tributantes? Que é, enfim, da Federação brasileira?

Independentemente das opções políticas ou ideológicas que possamos adotar, creio existirem três caminhos bem nítidos para orientar nossa decisão: a) deixar como está para ver como fica, atitude passiva, tolerante e que denota certa irresponsabilidade com relação aos destinos do país; b) lutar decididamente pela Federação, levando às últimas consequências os princípios constitucionais que lhe digam respeito, bem como zelar pela implantação de normas que signifiquem desdobramentos na cadeia de positivação desse primado; e c) empreender uma campanha aberta, democrática e incisiva pela reorganização do Estado brasileiro como estrutura unitária, o que representaria retorno histórico aos tempos que antecederam a proclamação da República. Eis o momento bom para a tomada de posição, sem retórica (no mau sentido), plena de objetividade, com os pés no chão e os olhos no futuro.

Das alternativas mencionadas acima, a primeira é a mais cômoda, se bem que implique a distorção tão presente nos dias atuais, conduzindo-nos, num movimento surdo, mas compassado, ao implacável e absoluto domínio da União, nos planos jurídico, político e econômico, em face das demais pessoas políticas. A segunda corresponde a um ideal sobranceiro, já devidamente tratado pelos constitucionalistas, teóricos do Estado e cientistas políticos, alimentada, de modo incessante, pelos ardorosos defensores da democracia. E a terceira, importando inevitável ruptura dos parâmetros constitucionais, haveria de ser a bandeira de todos aqueles que se dizem fartos dos discursos políticos de campanha, numa atitude radical de apego à realidade, sem contemporizações nem promessas ilusórias sobre o porvir de uma pátria idealmente construída, mas que em tempo algum foi praticada. Diriam eles: sejamos realistas! O Brasil é assim mesmo, tem sido assim e, certamente, continuará seguindo essa trajetória. Rendamo-nos à evidência ou, se quisermos, à "sua excelência o fato", consubstanciado em medições numéricas incontestáveis e adotemos, desde logo, os padrões jurídicos de um Estado Unitário, sem embuços, disfarces ou representações. Tratar-se-ia de algo concreto, fruto da evolução histórica de uma sociedade que já se comporta dentro de tais limitações. Novidade alguma seria implantada!

Nutro a convicção que tomar conhecimento do quadro em que vivemos é etapa indispensável para que possamos passar da Federação que temos à Federação que queremos. As alternativas estão postas à nossa consciência e são claras e bem distintas, pressupondo, cada uma delas, a preservação irrenunciável das liberdades democráticas, em ambiente de ordem e paz social, valores que, penosamente, vimos lutando para implantar.

* * *

A atribuição de competência para legislar sobre matéria tributária sempre foi tema da maior importância para o funcionamento da sociedade brasileira. Num Estado com pretensões federativas e que convive com a autonomia dos seus mais de 5.600 municípios, em regime de rigorosa isonomia, a complexidade da ordem normativa chega a suscitar paradoxos que surpreendem aos menos impertinentes fiscais da coerência e da racionalidade de nossas instituições. De fato, para a conformação jurídica do Estado não é suficiente ao legislador maior empregar o termo "federação". É preciso estruturá-lo (ele, o Estado) como tal e isso é tarefa do direito positivo em sua inteireza constitutiva. Aquilo que se torna claro, logo no exame do primeiro instante, é que a ideia "federação", no português do Brasil, não se acomoda bem dentro da palavra correspondente: o significado não combina com suporte físico do signo, parece querer escapar de seus limites, transborda-o. Espera-se que "o sistema confirma o tema", motivo pelo qual o Professor Paulo Bonavides compôs tão acerbas críticas a respeito das contradições do ordenamento brasileiro, em face da efetiva experiência histórica da realidade nacional.

* * *

O descontrole das iniciativas e a sucessão de providências tomadas isoladamente pelas unidades federadas suscitaram uma "guerra fiscal" sem precedentes, cujos detrimentos ultrapassaram as mais ousadas previsões dos especialistas. Penso que ninguém, em sã consciência, imaginou até que ponto chegaria o desgaste de uma competição dessa ordem, demorada e extravagante, com expedientes despropositados e medidas esdrúxulas de retaliação, surgindo como algo que fosse avançando e produzindo efeitos perniciosos, sem que a vigilância dos órgãos superiores da atividade jurisdicional pudesse interferir, com eficácia, para manter a integridade daquilo que se chama de pacto federativo. A situação, porém, se agravou. A guerra fiscal prossegue, fazendo reaparecer agora as acirradas disputas em torno de propostas que, de qualquer forma, têm o condão de desagradar importantes setores de nossa combalida federação, desenhando outro tipo de desequilíbrio para solucionar impasse que continua grave e inalterado. Aquilo que poderia assumir foros positivos, estimulando competição sadia entre os Estados-membros para incrementar as respectivas receitas tributárias e fazendo desenvolver os instrumentos jurídico-administrativos de controle da legislação do ICMS, foi amplamente superado pela força avassaladora de um desrespeito mútuo instalado entre as pessoas políticas, clima de desentendimento nunca visto na conturbada história das instituições jurídico-fiscais do nosso país.

A federação brasileira está em crise! De há muito, a União, cujo nome inteiro é "União dos Estados Federados", foi-se livrando das unidades que a compõem, numa histórica campanha de fortalecimento econômico e político, rompendo o equilíbrio que se exige de uma federação onde as pessoas de direito constitucional hão de estar parificadas para manter-se a harmonia e o equilíbrio do modelo concebido. Tal movimento, exercido como uma força centrípeta, serviu para aumentar o poderio econômico e político do governo central, até transformar os vínculos de igualdade em laços de subordinação. A própria absorção pelo governo federal das dívidas dos Estados-membros com credores particulares, que a princípio pareceu expediente de auxílio às entidades estaduais, acabou representando um instrumento a mais para caracterizar a submissão econômica e política dessas últimas perante a União, de tal sorte que o modelo estrutural do país, assim como está, dista de ser o de uma federação, aproximando-se mais de um Estado unitário, como fora, aliás, até a instauração da República e o advento da Constituição de 1891. A descentralização do poder central abriu espaço à autonomia das antigas províncias. Nada obstante, há bom tempo, sempre que se tornou necessária uma providência no setor do relacionamento entre os entes políticos, o caminho adotado foi o da desconcentração, em que as atribuições e os misteres públicos são transferidos sem caráter político-legislativo e, portanto, sem autonomia. Ora, federação pressupõe descentralização e não desconcentração, de tal modo que uma análise realista e objetiva do Brasil contemporâneo aponta para um Estado de fisionomia unitária, conquanto o Estatuto Supremo mencione, enfaticamente, a adoção do modelo federativo. Mas a dependência econômica traz consigo a subordinação política, contingência que acarreta indisfarçável desnível no que concerne à participação das unidades "federadas" na formação da vontade nacional. A União, como pessoa de direito interno, indiferente às autonomias dos demais entes, impera de modo sobranceiro, não cumprindo sequer a missão de organizar as políticas de desenvolvimento regional, o que vem em prejuízo dos direitos e interesses dos Estados-membros e dos municípios. Além disso, não se deu, na proporção adequada, o fortalecimento do Judiciário que é fator essencial para a manutenção do esquema federativo e, convenhamos, os dois outros poderes da República não atinaram ainda para aspecto tão relevante da missão jurisdicional que a Constituição proclama. Resultado: mesmo provocado para resolver os impasses criados com a guerra fiscal, o Supremo não tem conseguido obter, com eficácia, os resultados esperados pela sociedade.

Vê-se que a guerra fiscal é apenas um efeito do enorme desequilíbrio na articulação das instituições jurídicas do Brasil, nunca, um problema isolado, circunscrito a algumas causas facilmente diagnosticadas. Mas, torna-se difícil falar do ICMS sem aludir a esse fenômeno histórico tão presente e discutido nos dias de hoje. Algo, porém, pretendo repetir: o lado positivo dessa disputa vem estimulando os Estados no sentido de apurar seus instrumentos de ação econômica e administrativa, bem como aperfeiçoando os mecanismos de caráter jurídico, para acomodar as providências indispensáveis que o combate requer. E tal aprimoramento pressupõe pesquisa, estudo, análise detida das situações críticas.

* * *

Com efeito, sob o manto da Constituição de 1988, incisivamente marcada pela presença ostensiva de preceitos tributários, construiu-se uma experiência substanciosa e rica em todos os setores do relacionamento entre Estado-Administração e o crescente universo de contribuintes, sua contraparte natural.

Aquilo que já viera consignado no Preâmbulo do Estatuto Supremo, com a força prescritiva que devemos outorgar-lhe, foi debatido no seio de questões jurídicas da mais elevada importância. Refiro-me, por exemplo, ao primado da *segurança jurídica*, tema presente em processos tributários de ampla divulgação.

Dos muitos domínios em que se desdobra o fenômeno jurídico, penso ser o tributário aquele que mais entusiasmo provocou no intervalo profícuo de vivências das nossas instituições, envolvendo a participação refletida e aprofundada dos órgãos jurisdicionais brasileiros.

A racionalidade e a eficácia do sistema tributário nacional vêm sendo objeto de frequentes divergências e as discussões acerca de eventual reforma tributária ocupa lugar importante nas matérias especializadas, simplesmente porque mudanças radicais no modelo atual significariam a necessidade de alterações estruturais do Diploma fundante do Estado brasileiro.

* * *

A consciência nacional parece acordar para a importância enorme da federação no contexto da ordem jurídica brasileira. Antes da justiça, da segurança, da igualdade e da própria dignidade da pessoa humana, está a diretriz estruturante da organização federativa do Brasil, como forma de Estado, a ser conduzido segundo o regime republicano, dois primados fundantes que vão condicionar a absorção dos demais princípios e sobreprincípios do sistema, de tal modo que qualquer desajuste interno, qualquer conflito entre as entidades que hão de se manter em estrita harmonia, provocará crise institucional de proporções ameaçadoras. É exatamente o que está se passando com a persistente e caótica guerra fiscal entre os Estados e entre os Municípios. Outro tanto há de dizer-se com relação à dívida dessas pessoas políticas de direito constitucional interno para com a União, clima que gera instabilidade e insegurança no exercício da vida republicana e da composição federativa do país.

* * *

Tem-se falado em racionalização do sistema tributário nacional, que pode muito bem ser mencionada como "simplificação", termo que o atual governo prefere adotar por motivos de ordem prática e, também, para facilitar a comunicação política que as articulações entre os seus órgãos requerem. Na verdade, não há simplificação sem racionalização, o que significa dizer que um vocábulo implica o outro.

Mas, que o nosso sistema reclama, urgentemente, uma providência nesse sentido, creio não existir dúvida.

Durante muito tempo, com foros de insistência, defendi o predicado de funcionalidade da ordem jurídico-tributária brasileira. Sempre me pareceu algo inusitado um sistema tão complexo, formado pela conjunção de seis subconjuntos dotados de autonomia, operar com tanta praticidade, oferecendo resultados sobremodo produtivos. Claro está que os elogios não se estendiam à eficácia dos valores postos em prática pelo sistema global. Todavia, admirava-me como aquele entrosamento pudesse surtir, até certo ponto ao menos, os efeitos desejados. Acontece que, nas últimas duas décadas, teve início um processo de complicação setorial no plano das alíquotas e das bases de cálculo dos tributos brasileiros, de tal modo que as situações jurídico-tributárias foram crescendo em dificuldades e a interpretação do sistema se tornou altamente confusa: difícil para o sujeito passivo e atrapalhada para as autoridades administrativas. A integração dos subconjuntos, que bem se concatenavam até então, ficou altamente comprometida e o sistema perdeu muito de sua funcionalidade. Hoje, opera com grande dificuldade e os problemas atinentes à interpretação se multiplicam em várias direções.

O grande apelo da comunidade jurídico-tributária é no sentido de submeter o sistema a um severo processo de racionalização, para tornar mais simples a compreensão do tributo, facilitando a atividade da administração tributária, ao mesmo tempo em que se racionaliza a dinâmica da arrecadação, favorecendo a vida do sujeito passivo.

Sabe-se que uma reforma da ordem jurídica, como um todo, é processo dificílimo, dada a enorme complexidade do sistema. Alterar pontos importantes, que envolvam competências constitucionais, passa a ser tarefa quase impossível. Por isso mesmo, o próprio governo federal acena com modificações tópicas, mexendo aqui e ali nos gravames de sua competência. Daí o termo "simplificação", providência válida para o momento histórico que vivemos e, igualmente, medida oportuna para enfrentar o período de crise econômica e política pelo que passa o país.

Resta-nos o esforço de racionalização, que já é trabalho importante e significativo.

5. Princípios tributários enquanto valores e limites objetivos

É admissível dizer, sem ufanismos, que o Brasil dispõe de uma experiência jurídico-tributária respeitável. Os problemas atinentes à intensa atividade legiferante; a uma oscilação jurisprudencial que, em alguns momentos, causou enormes preocupações; a uma produção doutrinária abundante, mas nem sempre voltada ao aprofundamento das ideias na seleção de questões fundamentais; tudo isso já lhe dá *status* para ser apreciada pela história de nossas instituições, ao longo de meio século de práticas reiteradas. Tornou-se possível avaliar o crescimento e a evolução das construções dogmáticas, comparando-as com as de outros países de cultura ocidental.

Ora, a proliferação de princípios, nos mais variados setores da disciplina dos comportamentos interpessoais, é uma realidade viva do momento por que passa a sociedade brasileira. Há princípios para todas as preferências, desde aqueles tradicionais, manifestados expressamente ou reconhecidos na implicitude dos textos do direito positivo, até outros, concebidos e declarados como entidades que dão versatilidade ao autor do discurso para locomover-se livremente, e ao sabor de seus interesses pessoais na interpretação do produto legislado. E lidar com tais estimativas é algo perigoso que promove a politização do trabalho hermenêutico, enfraquecendo o teor da mensagem, na medida em que o exegeta passa a operar com padrões móveis de referência, que se deslocam facilmente no eixo das ideologias e das tendências emocionais daquele que o interpreta. Lembremo-nos de que o Direito, como objeto da cultura, requer a atribuição de valores para imprimir sentido ao texto editado pelo legislador. Todavia, a presença axiológica não pode assumir dimensões incontroláveis, sob pena de não atingir aquele *minimum* de segurança ínsito à existência do *dever-ser*. É a esse exagero que me refiro, como ator de transformação da prescrição jurídico-normativa em mera proposição de afirmação política, transitando a mensagem entre paradigmas inconciliáveis, que deixam a porta aberta para decisões desconcertantes, em face da infixidez dos padrões utilizados como justificação decisória. Exemplo desse mosaico de valores jogados aleatoriamente para servir de suporte a eventuais elaborações exegéticas, está expresso por certas tentativas de arrolar abundantes princípios, como fundamentos para a interpretação do texto, antecipando-se o editor das normas ao empenho de construção de sentido que caberá, por certo, ao aplicador do diploma. Recentemente, iniciativa de modificações importantes para a vida jurídica dos tributos faz menção, num único dispositivo, a nada menos do que vinte princípios que estariam prontos para ser acionados tendo em vista a compreensão do documento prescritivo. Pouco importa se alguns dos valores que constam da relação se apresentam contraditórios, como a *confidencialidade* em face da *transparência*, ou intrinsicamente redundantes, como o da *confiança legítima*. De qualquer modo, estariam lá, inteiramente disponíveis, ao alcance de quem se dispusesse a justificar suas decisões sobre a aplicação dos dispositivos. De ver está que o Direito assim considerado passa a ser mero instrumento de comunicação política, dissolvendo-se o *dever-se* e perdendo a proposição normativa suas possibilidades coativas de eficácia. Relegado a esse nível de insegurança, o jurídico se transforma em atos de fala que se aproximam mais dos discursos políticos, portadores de uma retórica voltada aos objetivos de seduzir e de conquistar, posta a serviço de fins estranhos que nada dizem com o objetivo primordial de reger condutas intersubjetivas para canalizar o fluxo dos comportamentos e implantar o sobrevalor *justiça*.

* * *

Bem que caberia num livro denso e substancioso a trajetória semântica do signo "tributo", com todos os aspectos, valiosos e desvaliosos, que as sociedades foram depositando ao longo de seu caminho. Tema delicado e controvertido, em seu nome, muitos excessos já foram praticados, mesmo porque se têm por assente a relação entre o bem-estar dos povos e o bom funcionamento dos correspondentes sistemas tributários. É certo que tudo se liga ao tipo e à evolução do Estado que estamos analisando, aquele *corpus* unificador da pluralidade de grupos, de raças, de crenças, que monta o substrato da nação como individualidade histórica, retrocedendo no passado, atuando no presente e projetando-se sobre o futuro, como agudamente o registra Lourival Vilanova, asserto que legitima a proposição segundo a qual os tributos de um dado sistema guardam traços pragmáticos que lhe atribuem especificidade em relação a outros similares de ordenações diversas.

Um perigo sempre iminente está contido na dosagem da carga tributária, vale dizer, nas proporções da medida levada a termo para a implantação concreta do tributo. Daí o cuidado na escolha da base de cálculo e no plexo de normas que estabelecem técnicas para sua apuração nas ocorrências da vida real, sem falar, é claro, no abuso da estipulação de alíquotas, procedimento capaz de revelar os excessos do legislador, logo no exame do primeiro instante.

Ora, se pensarmos nos efeitos da imposição tributária, tocando valores fundamentais como a propriedade e a liberdade, vê-se quão tênue é o espaço de manobra do legislador ao constituir os instrumentos jurídicos adequados a esse fim. No Brasil, particularmente, há uma série de princípios, alguns como autênticos valores, bastantes em si, outros como limites objetivos que se preordenam, da mesma forma, à realização de estimativas, porém de maneira indireta. A planta fundamental do sistema tributário brasileiro está na Constituição da República, como conjunto de diretrizes mediante as quais se torna possível a configuração das várias entidades cogitadas pelo constituinte. Seu desdobramento é tarefa infraconstitucional, porém dentro de mecanismos rigorosamente estabelecidos e que tolhem eventuais arroubos criativos do legislador ordinário.

O aproximar-se, em atitude cognoscente, desses enunciados canônicos, expressos ou implícitos, sugere uma distinção prática de fácil manejo: já que todos os princípios perseguem valores, convém isolar aqueles de conteúdo axiológico direto, bastantes em si, daquel´outros que o fazem mediatamente, isto é, prescrevem procedimentos objetivos que, devidamente realizados, operam para a implantação de um fim (valor).

* * *

É decididamente complexa a ontologia do Direito. Entre a camada linguística do chamado direito positivo e a realidade social, tomada na porção das condutas interpessoais, há uma multiplicidade de modos de aproximação, um número crescente de enfoques temáticos, representando cada qual uma forma de corte metodológico com que o ser cognoscente trava contato com o objeto do conhecimento. Provém dessa dificuldade a opção pelas concepções reducionistas, seja na vertente do jusnaturalismo, seja na do positivismo ou do realismo. Na verdade, o saber científico dos tempos atuais não tem como abrir mão da uniformidade na apreciação do objeto, bem como da rigorosa demarcação do campo sobre o qual haverá de incidir a proposta cognoscitiva. Foi nesse sentido que Kelsen, habilmente, esquivou-se do problema ontológico, fazendo sua opção pelo caminho da Epistemologia: ali onde houver direito, haverá certamente normas. Ao surpreendê-las, teremos assegurado a uniformidade do objeto e demarcado o espaço da investigação.

Essas singelas meditações estão longe de oferecer uma linha inteiramente satisfatória para o conhecimento do fenômeno jurídico. Inauguram tão só novo intervalo de reflexões, em que, por exemplo, poderíamos tomar o direito positivo e a Ciência do Direito como duas formas de sistema: não sistemas reais, mas proposicionais, porquanto se exprimem em linguagem. E não nomológicos, mas nomoempíricos, uma vez que se projetam sob a experiência social, recolhendo nela o conteúdo material de suas proposições. Os sistemas proposicionais mantêm relação dialética com a realidade saturando-se de suas significações. Absorvem a experiência social, ao mesmo tempo em que sobre ela retrovertem, condicionando-a. Agora, a diferença entre os dois sistemas reside na função: teorética ou descritiva, na Ciência, e prescritiva, no direito positivo.

E nessa sequência de ponderações prossegue o estudioso do Direito, observando que o fenômeno que o preocupa se insere entre os objetos do mundo da cultura, como produto de uma realidade envolvida por valores. Os sistemas culturais têm sempre esse aspecto bidimensional: Por um lado, realidade relações de causalidade física; por outro, valores, entidades ideais que penetram os bens produzidos pelo homem. Aqui se alojam os sistemas proposicionais do direito: tanto o do direito positivo, com sua função normativa ou prescritiva, quanto o da Ciência do Direito, com sua índole teorética. E o jurisconsulto, na postura de cientista, descrevendo crítico-explicativamente o direito posto, ou na atividade profissional, sendo órgão do sistema ou postulando junto a ele, disso não pode esquecer-se, pois não há direito, como, de resto, produto cultural algum, se o conteúdo axiológico.

O princípio da legalidade é apresentado no sistema jurídico quer na formulação genérica do art. 5º, inciso II, da CF, quer em sua conformação específica para o Direito Tributário (art. 150, I, da CF). A análise do texto legal se desenvolve a partir deste plano constitucional, onde se situa, aliás, o enunciado normativo daquele valor, expandindo-se pelo corpo do sistema, com integral respeito de sua hierarquia. É tomando posições firmes do texto da Carta Magna, racionalmente compostas e fundadas sempre em doutrina segura, que o exegeta compõe a linguagem descritiva, imprimindo seriedade ao discurso.

Nunca serão demais os estudos que evoluírem em torno de valores com a magnitude do princípio da legalidade, a despeito do timbre subjetivo que os faz resvalarem, frequentemente, pela quadra das especulações ideológicas, distanciando-se, em certa medida, do objetivo final do labor cognoscente. Sua importância marca com tal intensidade a presença do fenômeno jurídico que não seria exagerado afirmar tratar-se de dado inafastável, decisivo para a compreensão dessa realidade. Refletir sobre o princípio da legalidade, aqui, equivale a meditar sobre o próprio Direito.

* * *

A proposição afirmativa segundo a qual as regras jurídicas atinentes à não cumulatividade (tomo aqui "regras" como equivalente nominal de "normas") são da categoria das normas procedimentais. E, se quisermos aproximar a lente para aumentar o rigor da análise, podemos referi-las como meta-procedimentais, uma vez que instituem medidas para constituir um procedimento. Se a não cumulatividade for considerada como sequência procedimental, claro está que as normas que orientam a formação do procedimento serão regras de sobrenível procedimental, quer dizer, normas sobre normas de procedimento ou ainda normas procedimentais de segundo grau. Aliás, fenômeno jurídico semelhante ocorre com as regras que estipulam o contraditório, a ampla defesa etc. É preciso assinalar que, na qualidade de regras procedimentais, não parece apropriado aludir-se à sanção, tratando-se de mero descumprimento dos requisitos estabelecidos. Simplesmente, o processo não avança, tornando-se impossível a obtenção das finalidades pensadas pelo legislador.

O ser procedimento é estrutura que se organiza para atingir uma finalidade e fim nada mais é do que um valor, enquanto tomado como razão de ser da conduta (Miguel Reale). Ora, sabemos que a não cumulatividade se propõe alcançar sérios objetivos concernentes à boa distribuição da carga impositiva, procurando implantar, nesse sentido, ideais de justiça tributária. Entre seus propósitos estão presentes outras consequências (valores), que a recomendam para certos tipos de gravame, porém não para todos. Sendo como for, todavia, ainda que o fim não venha a ser obtido, pois o julgamento dos valores depende de nossa subjetividade, o procedimento se sustenta como figura jurídica do sistema, ocupando a posição de comando constitucional da ordem dos princípios, assim proclamado pela jurisprudência e reconhecido pela doutrina. A não cumulatividade transita com grande frequência nos discursos jurídicos da experiência brasileira, sendo amplamente discutida nos círculos especializados.

* * *

Não tenho dúvidas de que no esquema da não cumulatividade desses tributos se alojam muitas das dificuldades que atormentam a Administração e os contribuintes, com desdobramentos de significativa importância para o contexto social, político e econômico de nossos dias.

As disposições jurídicas sobre a não cumulatividade dos tributos adquirem a feição de regras técnicas, isto é, conjuntos de procedimentos que se estruturam para atingir determinados fins, por vezes explícitos, mas, na maioria dos casos ocultos na implicitude do processo, como acontece com as hipóteses do PIS e do COFINS. É curioso assinalar que o modal deôntico não se inscreve no interior da sequência procedimental, atuando simplesmente na dimensão interproposicional, vale dizer, como modalizador neutro que exprime o ato de vontade de quem insere a norma no sistema. Dado o pressuposto de fato, a hipótese ou o antecedente – como pareça melhor referir –, então deve-ser o procedimento estabelecido no consequente. Aliás, as regras técnicas são sempre assim. Operam com o functor ter que (*müchen*) denotativo da relação de causa e efeito transformada pelo homem na relação meio-fim. E o direito positivo está povoado de regras técnicas. Em todos os setores da disciplina jurídico-normativa vamos encontrar enunciados que estipulam uma sequência de atos e termos preordenados à obtenção de determinado fim e o malogro na condução da cadeia de expedientes já representa, por si só, o efeito negativo que a ordem jurídica associa à não realização do processo. Em situações como essa inexiste, portanto, a figura da sanção, pois o sujeito, pura e simplesmente, vê frustrado o objetivo pretendido. No caso dos tributos, aquilo que pode ocorrer é a verificação do suposto e o não cumprimento das providências procedimentais, conduta que o sistema rejeita, por contrariar as tendências organizacionais da implantação do gravame.

* * *

Vivemos um tempo histórico de grandes questionamentos constitucionais, sobretudo em matéria tributária. As raízes do nosso sistema, cravadas no Texto Supremo, fazem com que a atenção dos estudiosos seja convocada para o inevitável debate sobre o conteúdo de princípios fundamentais, conduzindo os feitos à apreciação do Supremo Tribunal Federal. Fica até difícil imaginar assunto tributário que possa ser inteiramente resolvido em escalões inferiores, passando à margem das diretrizes axiológicas ou dos limites objetivos estabelecidos na Carta Magna. Por sem dúvida que tal consideração eleva, desde logo, esse ramo do direito público, outorgando-lhe um *status* de grande categoria, pois discutir temas de direito tributário passa a significar, em última análise, resolver tópicos da mais alta indagação jurídica, social, política e econômica.

Por outro lado, a estabilidade das relações jurídico-tributárias, diante das manifestações da nossa mais alta Corte de Justiça, torna-se assunto sobremaneira delicado, requerendo uma atenção especialíssima do intérprete, porquanto está em jogo o sobreprincípio da segurança jurídica.

* * *

A capacidade contributiva do sujeito passivo sempre foi o padrão de referência básico para aferir-se o impacto da carga tributária e o critério comum dos juízos de valor sobre o cabimento e a proporção do expediente impositivo. Mensurar-se a possibilidade econômica de contribuir para o erário com o pagamento de tributos é o grande desafio de quantos lidam com esse delicado instrumento de satisfação dos interesses públicos e o modo como é avaliado o grau de refinamento dos vários sistemas de direito tributário. Muitos se queixam, entre nós, do avanço desmedido no patrimônio dos contribuintes, por parte daqueles que legislam, sem que haja atinência aos signos presuntivos de riqueza sobre os quais se projeta a iniciativa das autoridades tributantes, o que compromete os esquemas de justiça, de certeza e de segurança jurídica, predicados indispensáveis a qualquer ordenamento que se pretenda racional nas sociedades pós-modernas.

6. Competência e imunidades tributárias

No trajeto de construção de sentido das normas tributárias (acepção estrita), os enunciados que versam as competências (normas indiretas da ação, para Gregorio Robles), são decisivos para a estipulação das fronteiras dentro das quais o *factum* tributário pode acontecer. São pressupostos indeclináveis que não só submetem o juízo de validade da regra, mas sua própria compreensão como expressão mínima da integridade do sistema.

É da tradição do direito brasileiro reger a matéria das competências no altiplano constitucional, deixando bem claro o poder jurídico atribuído às pessoas, aos órgãos e às instituições. E, no que concerne ao direito tributário, é procedimento iterativo, traço inconfundível do nosso sistema, principalmente pela abundância principiológica e pela maneira exaustiva com que os constituintes foram moldando as Leis Fundamentais, no correr da História. Esse peculiar modo de conceber os paradigmas constitucionais que sempre regeram as relações tributárias no Brasil foi anotado com riqueza de pormenor por Geraldo Ataliba, no seu clássico *"Sistema Constitucional Tributário Brasileiro"*, obra insuperável que indica a necessidade premente de estabelecer-se o Texto da Constituição como patamar a partir do qual os processos interpretativos hão de desenvolver-se, para chegar ao sentido que o exegeta tem por bem atribuir ao material linguístico bruto do direito positivo.

* * *

As entidades tributantes, no exercício de suas prerrogativas, ficam atreladas a cadeias de normas cujo fundamento último são os preceitos competenciais contidos e demarcados no Texto Supremo, na forma indicativa expressa de autorizações e de vedações, essas últimas designadas pelo nome de "imunidades".

* * *

Dizer como se apresenta o direito posto em determinado território, surpreendido em intervalo de tempo devidamente especificado, é referir os atos normativos do Legislativo, do Judiciário, do Poder Executivo, bem como os expedientes lavrados pelos particulares, no âmbito da "competência" que o sistema lhes atribui. Assim acontece quando se percorre o eixo temático das imunidades tributárias, ilustrando as prescrições constitucionais com a sequência do processo de positivação, até chegar às normas individuais e concretas que dão sentido de eficácia ao sistema normativo.

* * *

A pesquisa do material prescritivo do direito posto, para ordená-lo em porções segmentadas, com o que se abre espaço ao surgimento das chamadas "disciplinas especializadas", é algo que pressupõe uma teoria bem composta das normas jurídicas. Os conteúdos semânticos em torno dos quais giram as noções referenciais, tomados como núcleos aglutinantes, são editados em frases cujo sentido isolado costuma ser insuficiente para a regulação da conduta. Torna-se necessário colecionar significações, estruturando-as na forma de juízos hipotético-condicionais e, só assim, conjugá-las no momento em que nosso espírito cumprir a função hermenêutica "compreensão". Daí a importância de operarmos com uma classificação adequada dos enunciados que entram em jogo para a formação das unidades normativas, sejam aqueles que dizem respeito ao veículo introdutor ou às próprias normas introduzidas.

Com efeito, há frases do legislador que se aplicam unicamente ao diploma que insere normas no ordenamento positivo, enquanto outros qualificam sujeitos, estipulam procedimentos, demarcam as condições de espaço e de tempo da ação (hipótese) ou da relação (consequente), bem como prescrevem os modais que disciplinam, propriamente, os comportamentos intersubjetivos.

Entre os primeiros, vale dizer, entre os que aludem ao documento que promove a inserção da norma no sistema, estão as regras de competência, tão relevantes para a montagem e para o funcionamento do conjunto. Principalmente numa organização complexa como a do Brasil, em que coexistem as prerrogativas de pessoas políticas distintas (União, Estados, Distrito Federal e Municípios), o dado competencial é decisivo. Saber até que ponto vão os poderes jurídicos das entidades tributantes, para respeitá-las e integrá-las, é providência indispensável ao estudioso, tanto do ponto de vista jurídico, como do econômico e do político.

* * *

Durante muitos anos, o assunto das imunidades tributárias permaneceu, entre nós, encerrado nos limites doutrinários das preciosas lições de Aliomar Baleeiro. O jurista baiano, com o peso de sua autoridade científica, implantou um sistema de proposições descritivas rico e atrativo, mediante o qual a matéria foi exposta em consistente plano discursivo.

Acontece que entre os axiomas da atual Linguística do Texto, dois existem para impedir, decisivamente, a estagnação das construções interpretativas: o da intertextualidade e o da inesgotabilidade do sentido.

O primeiro, desde logo, põe a produção de linguagem em contato com todos os demais textos existentes, a ele ligados direta ou indiretamente; ao passo que o segundo leva em conta a irrepetibilidade do real, físico e social, para concluir ser impossível a reprodução exata das condições pragmáticas em que foi expedida a mensagem. Ainda que o emissor e o receptor sejam os mesmos e idêntico o teor digital da comunicação, ter-se-á alterado o meio envolvente, o que provoca, inevitavelmente, modificação interpretativa.

Essas considerações conduzem o pensamento a mutações constantes diante do objeto do conhecimento, de forma mais intensa quando se tratar de bens da cultura, como o direito, em que os valores estarão presentes de modo invariável.

É o que se dá com a linha temática das "imunidades tributárias". O passar do tempo foi levantando dúvidas, estruturando problemas, sugerindo novos esquemas de avaliação dos dados da experiência, rendendo espaço, assim, ao aparecimento de diferentes propostas de compreensão. E nosso direito positivo, no seu plano empírico, tem oferecido discussões intensas. A todo momento, deparamo-nos com situações conflitivas que envolvem imunidades, seja como argumento de defesa, seja como investidas do legislador para contorná-las, transpondo, por esse modo, o importante obstáculo inscrito no Texto Maior.

7. Normas gerais em matéria tributária e o papel da lei complementar

Dirigindo as (suas) atenções à lei complementar, como instrumento introdutório de normas gerais de direito tributário, prestigiando os primados da federação e da autonomia municipal para, dentro desse contexto, encontrar-se-á a amplitude semântica que devemos outorgar às locuções empregadas pelo legislador constituinte. Nesse sentido, firmando-se no plano da expressão, não (se) pode deixar envolver-se pela literalidade do texto, buscando, incessantemente, as estruturas mais profundas.

* * *

Há temas que permanecem abertos às dubitações da doutrina, atravessando os tempos e desafiando construções do pensamento, num estranho convívio dialético com a experiência viva da aplicação do direito. Passam à margem das competições e dos debates, alheios aos interesses e às emoções que suscitam. Entre eles, o da amplitude conceptual da lei complementar, como veículo introdutor de normas gerais e abstratas, na classe das quais estão as "normas gerais de direito tributário".

Sobre o assunto, vi nascer as primeiras interpretações, estimulando os desencontros iniciais que se instalaram na dogmática brasileira e que ainda estão de pé, à espera dos envolvimentos retóricos expressivos das diferentes ideologias de quem interpreta. Refiro-me ao art. 18, § 1º, da Constituição de 1967, com a redação da Emenda nº 1, de 1969. Mas, também, acompanhei de perto a marcha das influências que se fizeram presentes na Constituinte de 1988, dados e acontecimentos que encheram de conteúdo histórico o processo de enunciação, do qual advieram os enunciados que hoje ocupam nossos cuidados. No centro das cogitações sempre esteve a tese do fortalecimento da União, em detrimento do tradicional conceito de Federação brasileira, bem como do enfraquecimento das competências estaduais e municipais, naquela modulação centrípeta já denunciada por Antônio Roberto Sampaio Dória e energicamente repelida por Geraldo Ataliba, na defesa das aspirações dos Estados e, principalmente, dos municipalistas.

Sobremais, uma tomada de posição acerca das "normas gerais de direito tributário" traz à tona a velha questão das possibilidades interpretativas do exegeta perante os textos do direito positivo: o mesmo suporte físico, representado por um punhado de palavras colhidas nos documentos normativos, dando ensejo a compreensões distintas, o que implica reconhecer outorgas diferentes de sentido a idênticas estruturas frásicas do produto legislado, afirmação eloquente de que interpretar o direito é conhecê-lo, atribuindo valores aos símbolos, isto é, adjudicando-lhes significações e, por meio dessas, fazendo referências aos objetos do mundo, como nos ensinou Lourival Vilanova.

Não ingressarei no mérito da discussão entre as teorias interpretativas formuladas pela doutrina, mesmo porque já manifestei minhas inclinações pela corrente que se autointitula "sistemática" e, até agora, outros argumentos não me sensibilizaram no sentido de substituí-la. Creio que a própria construção explícita do art. 146, da Constituição atual não resista a uma análise mais profunda. Por conseguinte, *non erit hic locus*. Uma proposição afirmativa, porém, é de procedência inequívoca: a chamada "interpretação meramente literal" vem prevalecendo no seio dos jurisprudentes e esta, sem dúvida, é a orientação adotada pelo direito positivo brasileiro.

Quem quiser descrevê-lo não poderá ignorá-la, a despeito de continuar nutrindo minhas restrições que, a esta altura, reconheço, são mais de *legge ferenda*. Afinal de contas, os princípios da Federação e da Autonomia dos Municípios, por mais enfraquecidos que estejam, em termos axiológicos, continuam irradiando os correspondentes teores de juridicidade, invocados, a cada passo, pela doutrina e pela jurisprudência.

* * *

Pode dizer-se auspiciosa a experiência vivida pela comunidade jurídica brasileira com o advento do Código Tributaria Nacional. Em face de uma estrutura rica e minuciosa, como a prevista pela Lei Básica, as construções doutrinárias encontraram repercussão na jurisprudência, que debateu, amplamente e com abertura de propósitos, os temas imprescindíveis à implantação dos tributos concebidos pelo texto Supremo. Ao mesmo tempo, institutos caríssimos para a compostura do sistema tributário passaram por um processo de evolução e de acabamento normativo digno de nota. O resultado não demorou a aparecer: a despeito das críticas que venhamos a formular sobre os excessos cometidos e, ainda que impondo carga tributária incompatível com as aspirações das forças produtivas da sociedade em que vivemos, o sistema não deixa de ser rápido, operativo e funcional, respondendo ao mais singelo impulso, com resultados quase que imediatos e previsíveis.

Dito de outro modo, as queixas sobre eventuais injustiças com que nos deparamos na relação mantida entre os sujeitos da obrigação tributária no Brasil estão longe de comprometer o sistema na dinâmica de sua operatividade funcional. Por esse ângulo, merece aplausos sinceros de reconhecimento e de admiração.

Mas é preciso lembrar que o aprimoramento sistêmico, obtido pelo aperfeiçoamento de nossas instituições tributárias, é o resultado de uma luta ingente, árdua, de um esforço diuturno, de uma combatividade sem tréguas, em que o empenho dos contribuintes vê a contrapartida de um

Estado-administrativo igualmente combativo e persistente, dando a tônica de uma polêmica muitas vezes vibrante e cheia de energia.

* * *

Acompanhar a dinâmica do direito, na sua mais larga acepção, tem sido trabalho difícil, mesmo que o tema estudado desperte vivo interesse no seio da comunidade jurídica brasileira. E o cooperativismo provoca um sentimento positivo em quantos o examinam na sua função altamente social e agregadora. Mas, cumpre advertir que a perspectiva dinâmica, sobre ser delicada no seu trato, não esconde suas complexidades a qualquer momento. A marcha inexorável do tempo, marcando as evoluções e involuções no caminhar da trajetória humana, surpreende a cada passo, ainda que possamos isolar uma pequena porção do tecido social, como é aquele conjunto de atividades que assinala o domínio do cooperativismo.

Com efeito, nas sociedades cooperativas, os associados se obrigam a contribuir com bens ou serviços para o exercício de uma atividade econômica, de proveito comum e sem objetivo de lucro, conforme demarcado pela Lei 5.764/71, que definiu a Política Nacional do Cooperativismo e instituiu o regime jurídico das sociedades cooperativas, trazendo uma disciplina segura a respeito dos princípios e das relações que se estabelecem nesse tipo de grupamento associativo.

Nessa espécie de sociedade, o cooperado participa como proprietário, atuando em todos os processos decisórios, de criação e de manutenção da sociedade. Ao mesmo tempo, tal sócio/proprietário figura como destinatário da atividade exercida pela cooperativa, ou seja, é consumidor dos serviços por ela prestados. Esse é o elemento caracterizador da cooperativa: a existência de duas relações distintas, porém indissociáveis. Numa, a relação em que o associado faz as vezes de proprietário; noutra, resultado da primeira, em que o cooperado toma parte como beneficiário.

Desses liames decorrem os atos cooperativos, definidos no art. 79, *caput* e parágrafo único da Lei 5.764/71, como aqueles praticados entre as cooperativas e seus associados, entre estes e aquelas, bem como pelas cooperativas entre si, para a consecução dos objetivos sociais, não implicando operações de mercado, nem contrato de compra e venda de produto ou mercadoria. Eis o *fim* das sociedades cooperativas: prestação direta de serviços a seus associados, sem objetivo de lucro, ainda que para tanto seja necessário o exercício de atividades negociais como *meio* da obtenção da finalidade proposta.

É preciso lembrar que entre as peculiaridades das cooperativas está a circunstância de que o legislador constituinte houve por bem eleger a lei complementar como veículo introdutor de normas jurídicas tributárias no âmbito dessa espécie de sociedade, prescrevendo, expressamente, no art. 146, inciso III, alínea "c", da Carta Magna, competir à lei complementar estabelecer referidas normas, especialmente sobre *"o adequado tratamento ao ato cooperativo praticado pelas sociedades cooperativas"*. Essa é uma das matérias que o constituinte considerou especial e merecedora de maior vigilância, demandando disciplina cuidadosa, ao exigir sua introdução no ordenamento mediante instrumento normativo intercalar, em decorrência de seu procedimento legislativo mais complexo.

O art. 146, III, "c", do Texto Fundamental, em virtude do elevado teor de vaguidade do qualificativo *adequado*, é aberto para receber atribuições de sentido desconcertantes, tornando problemática a construção de sentido daquele preceito constitucional. Inobstante isso, é intuitivo reconhecer que o exegeta não deve manter-se inerte diante de trecho do direito positivo, sob a escusa de que as palavras empregadas pelo legislador proporcionam embaraços, dificuldades de toda ordem, que prejudiquem a compreensão da mensagem. Pelo contrário, há de utilizar seus recursos sintáticos, semânticos e pragmáticos, semióticos enfim, para superar, a qualquer preço, os ruídos da comunicação legislada. Espera-se dele, aliás, que ultrapasse essas dificuldades e apresente sua compreensão. Os atos de fala produzidos pelas fontes do direito hão de ser recebidas e processadas pelo destinatário.

* * *

Tanto cuidado para repartir as competências tributárias; tanto zelo para preservar a complexidade de um sistema bem composto e que tem funcionado satisfatoriamente para o caixa do Estado; mas que deixa remanescer conflitos entre as entidades tributantes, tudo, aliás, que o constituinte de 1988 quis a todo o preço evitar. As conhecidas guerras fiscais, com os detrimentos que provocam em muitos setores da sociedade brasileira, gerando retaliações e entraves para o fluxo natural das conversações que hão de existir, tendo em vista o devido entrosamento entre os subdomínios, são testemunhos importantes do esforço conjunto de nossos dias. Dito de outro modo, ainda que o objetivo fosse diverso, a verdade é que os conflitos estão aí, acontecendo a cada passo e desafiando a criatividade do meio jurídico brasileiro. Em termos de direito comparado, nosso sistema pode ser tido como bom e funcional. Torna-se imperioso combater esses processos deturpadores, num esforço conjunto que requer a participação dos órgãos do Estado, devidamente sintonizados com os sujeitos passivos das exações existentes. Sim, porque a Constituição brasileira já o proclamou de forma contundente, ao estabelecer funções específicas à lei complementar. Não se trata de assunto que interesse apenas ao Estado-administração, como pode parecer no exame do primeiro instante, mas abrange toda a sociedade, reclamando a presença de todos aqueles que, direta ou indiretamente, estejam envolvidos com o assunto "tributação".

* * *

A hipercomplexidade característica das sociedades pós-modernas vem acompanhada dos espantosos progressos da tecnologia. E no campo da comunicação, ainda, essas conquistas foram decisivas, a ponto de marcar nosso próprio tempo com balizas claras e objetivas, que nós mesmos, sem os critérios apurados da visão histórica, as pudemos identificar. De seu lado, o direito posto, mantendo a distância operacional necessária para lidar com os possíveis controles das condutas intersubjetivas, segue observando a marcha dos acontecimentos, recebendo as múltiplas notícias dos subsistemas afins, para produzir, segundo esquemas que lhe são ínsitos, as normas jurídicas reguladoras da interação social.

Se a velocidade dessa sequência integrativa é lenta em alguns setores, n'outros chega a ser fulminante, num desafio à eficiência técnica da capacidade que o ser humano tem de receber e manipular informações. E assim tem sido nos domínios do direito tributário, no que concerne ao chamado "comércio eletrônico".

A destreza e agilidade dos órgãos legislativos, no território dos tributos, absorvendo informações das mais variadas origens, para selecioná-las, organizá-las de modo coerente e vertê-las na forma e no tom de juridicidade, é algo que suscita o interesse e a admiração de quantos se preocupam com a dinâmica do tecido social, principalmente se levarmos em conta a estrutura rígida e severa dos princípios constitucionais tributários vigentes no Brasil.

É pouco numerosa a literatura nacional existente sobre a matéria e o produto legislado revela a insegurança das entidades tributantes ao empregar meios e critérios muitas vezes desconcertantes para atingir seus objetivos arrecadatórios. Na outra ponta, está o sujeito passivo, ávido para saber até onde irão suas responsabilidades, programando-se para atuar, ou continuar atuando, num campo tão rico de expectativas.

Ao inserir-se a norma tributária no grande processo comunicacional do Direito, isto é, emissor, destinatário, código comum, meio de expressão ou canal e conteúdo da mensagem, além do contexto em que tudo se dá, abre-se um campo fertilíssimo para a indagação, a pesquisa e busca de encaminhamento adequado às grandes questões que a tributação suscita.

* * *

No quadro das perspectivas de observação e estudo do objeto "direito", haveria espaço, certamente, para vê-lo como sistema de normas competenciais, organizando-se o deôntico mediante feixes de possibilidades de condutas intersubjetivas. No relacionamento social, as pessoas físicas e jurídicas, nacionais ou estrangeiras, de direito público ou de direito privado, operariam no âmbito de autorizações, deveres e proibições, esgotando-se, dessa forma, o campo material das participações do sujeito.

Se existem várias propostas de aproximação cognoscente, o tomar o direito positivo como conjunto organizado de regras de competência passaria a ser mais uma, ao lado de outras, isto é, da visão sistêmica *stricto sensu*, normativa, institucional, histórica, relacional, empírico-pragmática, sociológica e tantas mais, como opções metodológicas para atender às expectativas do interessado.

8. Impostos federais

Já é expressiva a literatura jurídica brasileira na temática dos tributos. Com a velocidade da produção normativa dos órgãos governamentais, gerando intensivamente a disciplina de situações novas, na ânsia de diminuir o descompasso inevitável entre a realidade social e os padrões adequados da juridicidade (juricidade) positiva, a doutrina nacional vem aumentando, consideravelmente, sua contribuição nesse território tão delicado do relacionamento intersubjetivo.

No amplo quadro das obras publicadas sobre a matéria, contudo, preponderam manifestações genéricas, no feitio de cursos, compêndios, manuais, ou a respeito de institutos jurídicos cuja presença inevitável na compostura das várias entidades tributárias é de meneio obrigatório entre os estudiosos. No mais, há grande incidência de doutrina a propósito de assuntos tópicos que, por algum motivo, tenham suscitado o interesse imediato da comunidade jurídica. Monografias acerca de tributos, especificamente considerados, são raras. De cinco anos para cá, entretanto, foram surgindo alguns trabalhos de alto nível científico, com a proposta de analisar a regra-matriz de algumas figuras do nosso sistema tributário.

E a preferência tem recaído em impostos como os de importação e exportação, o ICMS, o IPI e, recentemente, sobre o IPTU e o ITR. Quanto ao imposto sobre a renda e proventos de qualquer natureza, talvez pela enorme complexidade do seu regime de incidência, ou pelo número às vezes até extravagante dos enunciados prescritivos que integram sua estrutura, a verdade é que a exação tem espantado os especialistas, afastando-os de um contato mais direto e radical com tão discutida forma de imposição tributária.

Esperava-se, com grande expectativa, um escrito diferente, que dirigisse o foco da análise para as raízes constitucionais do Imposto sobre a Renda, discutindo-lhe os pressupostos para o conhecimento de sua base institucional, uma vez que, pelo processo de derivação todas as normas do direito positivo hão de buscar o fundamento último de sua validade jurídica no Texto Supremo. É a Lei das Leis que instaura a ordem jurídica e precipita, uma a uma, todas as cadeias normativas que servem de ponte entre os grandes valores e as diretrizes constitucionais, de um lado, e as condutas pessoais em interferência intersubjetiva, do outro. Os comandos do Diploma Básico, para chegarem à região material dos comportamentos inter-humanos, necessitam, de modo imprescindível, de uma série de outras normas gerais e abstratas e individuais e concretas, sem o quê não logram aproximar-se do agir humano nas suas relações de interpessoalidade. E disso decorre que a discussão dos grandes problemas, por mais que se estabeleça no plano pragmático das condutas concretas, há de regredir, necessariamente à busca da sustentação constitucional apropriada, sem o que resvalará para o lugar-comum das questões infundadas, das pretensões tributárias juridicamente insustentáveis.

De nada valeria, penso eu, uma série de proposições bem tecidas acerca dos preceitos constitucionais a respeito do imposto sobre a renda e proventos de qualquer natureza se não perseguíssemos, obstinadamente, a cadeia de positivação daqueles enunciados superiores, avançando progressivamente em direção aos comportamentos intersubjetivos. É nesse processo de concretização do Texto Constitucional, para utilizar uma expressão de Friedrich Muller, que o cientista do direito há de buscar o material de sua pesquisa, precisamente porque é no seu desenvolvimento integral que é o dado jurídico se mostra como fenômeno de linguagem prescritiva de condutas.

* * *

Dentre os impostos do sistema tributário nacional, o imposto sobre a renda e proventos de qualquer natureza sempre ocupou lugar importante, independentemente do volume de receita que é capaz de produzir para os cofres públicos. Sua dimensão histórica, seus amplos recursos econômicos, políticos e jurídicos; sua potencialidade de atingir em cheio a capacidade contributiva do sujeito passivo; sua compostura tão propícia à realização de valores supremos como a "justiça tributária"; tudo isso foi criando, ao longo da tradição, um ambiente favorável ao desenvolvimento desse tributo. A princípio, mais no plano contábil; depois, no campo da política e da economia, passando a interessar fortemente os juristas. Nada obstante esse papel de crescente relevância para a Dogmática, a verdade é que somente agora surgem estudos jurídicos de maior envergadura, submetendo o gravame a uma análise mais fina, a ponto de aproveitar com profundidade a messe de informações que a experiência brasileira tem ensejado.

Nesse sentido, penso que o grande problema sempre foi a conexão entre os preceitos estatuídos no modelo da Lei Suprema e os desdobramentos infraconstitucionais que a farta legislação prevê. O domínio de certos primados, cujos conteúdos hão de se manter presentes no longo e complexo processo de positivação, estava por reclamar outras reflexões mais aturadas, mais rigorosas, mais criativas, que a mera preocupação com aspectos econômicos e contábeis jamais poderia oferecer.

Com efeito, os desvios inerentes a interpretações pouco elaboradas dos comandos constitucionais têm dificultado sobremaneira a boa aplicação dos amplos recursos dessa forma de tributação, impedindo que fisco e contribuinte possam usufruir das indiscutíveis vantagens que ela oferece.

* * *

O imposto sobre a renda e proventos de qualquer natureza continua sendo, entre as receitas coativas do Estado, aquela que reúne as melhores condições de aproximar-se efetivamente do suporte contributivo do sujeito passivo, sem lhe ofender os limites, ultrapassando suas possibilidades. O conhecimento desse tributo, concebido e implantado numa organização extensa, surpreende pela dificuldade, desde o exame do primeiro instante, porque são feixes normativos editados em tempos diferentes e que adquiriram entrosamento por força de contingências produzidas pela própria realidade social, numa evolução histórica que acompanha a instabilidade política e econômica de nossa experiência republicana.

O vulto do modelo brasileiro do imposto sobre a renda reflete iniciativas de várias ordens, coordenadas para atingir determinados objetivos, algumas vezes mediante a ponderação sobre fatores nacionais relevantes, mas, em outras, simplesmente para inserir, sem maiores reflexões, providências bem-sucedidas em ambientes sociais diversos, que pouca ou nenhuma afinidade mantinham com a prática de nossas instituições. E os desencontros manifestaram-se rapidamente: não basta adotar projetos atualíssimos, colhidos em sociedades mais desenvolvidas, geradas em sistemas que obtiveram resultados eficientes e estimulantes, para que dê certo o projeto. Aliás, o relato histórico desse imposto é afirmação eloquente de quão difícil pode ser a montagem de um conjunto normativo que se pretenda compensado e harmonioso, a ponto de provocar incidências apenas dentro dos marcos que assinalem as possibilidades econômicas dos destinatários.

De uma concepção inicial simples, precária, deficiente em múltiplos sentidos, foi longa e sofrida a trajetória para compor o vasto e intrincado subsistema atual, objeto de muitas críticas, de muitas polêmicas, mas que tem sua identidade e está apto para responder, em certa medida, aos anseios e expectativas do contribuinte brasileiro. Em outras palavras, temos o nosso sistema, apurado no dia a dia da instabilidade jurídica de seu próprio ambiente, suscetível sempre a processos de alteração que atendam aos expedientes nomodinâmicos de seu funcionamento, pronto que deve estar para fazer frente às mutações sociais mais importantes.

Com efeito, afirma que as regras sobre dedução do IR, especialmente no plano das pessoas físicas, são incompatíveis com os princípios constitucionais aplicáveis, pois a técnica de dedução pelas tipificações, ao mesmo tempo em que se adotam limitações de gastos essenciais a tetos arbitrariamente concebidos, gera inadequada combinação que compromete a funcionalidade do sistema. Entende, por isso, que serão dedutíveis todas as despesas necessárias à manutenção da vida familiar digna, mencionadas na própria Constituição da República, nos montantes suficientes para a garantia do mínimo essencial familiar, acolhendo-se, para tanto, os padrões de consumo indicados em levantamentos governamentais sobre o percentual de rendas consumidas. Isso evitaria circunscrever a discussão em termos meramente jurídicos, fazendo com que a norma de dedução fosse construída a partir da identificação dos números atinentes ao fato social específico, em consonância a critérios mais uniformes e estáveis.

* * *

A tributação das operações de câmbio, tão antiga na tradição da nossa experiência, tem merecido poucas menções doutrinárias no feitio de trabalhos de cunho científico. Na amplitude do conhecido IOF, "imposto sobre operações financeiras", alcançando aquelas de crédito, câmbio e seguro ou relativas a títulos ou valores mobiliários, a implantação desse específico *modus tributandi*, suscita questões relevantes, de elevada indagação, que não poderiam ficar relegadas a análises meramente eventuais, como textos agregados a outros estudos, postos em sequências desordenadas e sem foros de unidade.

Antes de mais nada, é preciso dizer que o IOF, a despeito das críticas que podem ser feitas ao nome que o constituinte escolheu para tornar conhecido determinado plexo de incidências, representa precioso instrumento jurídico tributário, com significativo desempenho nos subsistemas econômico, político e social, no sentido estrito. Menos na sua projeção propriamente fiscal e mais na sua fisionomia regulatória, como mecanismo de controle, de articulação de outras providências, como forma de imprimir eficácia e promover ajustes para buscar o equilíbrio sistêmico e a harmonia indispensável aos anseios da justiça tributária.

Aliás, aproveito para assinalar o fundamento teórico no acoplamento entre as ciências da linguagem e a teoria dos sistemas: a análise do câmbio no âmbito da política cambial e no eixo da política tributária, além de considerações pontuais sobre direito comparado e direito internacional. Na verdade, o texto a que me refiro oferece aspectos de interesse imediato, tendo em vista o desejo que todos nós nutrimos de lidar com a atualização das matérias examinadas. O câmbio é observado de forma direta, no contexto da "operação de câmbio" e de suas complexidades, bem como de maneira indireta, tomando o câmbio como suporte para a análise tributária: os resultados das variações nas trocas de moedas com o objetivo de estabelecer as bases de cálculo dos tributos.

* * *

Ora, quando pensamos num texto crítico acerca do imposto sobre a renda e proventos de qualquer natureza, no que ele tem de organização jurídico-positiva, estrutura de proporções amplas, envolvendo os três campos clássicos de incidência (pessoa física, pessoa jurídica e fonte), elaborada com toda a força de uma tradição consistente e segundo padrões internacionais incessantemente criativos, percebemos o *quantum* de dificuldade que a empresa encerra.

Os alicerces dessa figura impositiva, como não poderia deixar de ser, estão plantados na Constituição da República, de onde se irradiam preceitos pelo corpo da legislação complementar e da legislação ordinária, crescendo em intensidade a expedição de regras em escalões de menor hierarquia. Não fora isso, o labor constante dos contribuintes, do Judiciário, da própria Administração e do Congresso Nacional, interpretando o produto legislado e outorgando-lhe dimensões semânticas muitas vezes inconciliáveis, segue multiplicando os embaraços e fazendo do assunto objeto de inesgotáveis polêmicas. Tais elementos respondem, certamente, pela enorme complexidade do projeto expositivo do cientista, obscurecendo-lhe a visão para uma tomada mais abrangente e sistematizada. E o resultado pode ser facilmente apurado: há pouquíssimas obras que dele (IR) se ocupem com o objetivo de apresentá-lo em seu esquema básico, em sua feição unitária, em seu caráter estrutural. Quase sempre os estudos se afastam daquilo que poderíamos chamar de "núcleo rígido" da exação, para tratar de desdobramentos periféricos, de segmentos especializados, de questões agudas, cheias de interesse para as partes envolvidas, mas sem lidar com suas categorias fundamentais.

Dentre as várias cadeias de positivação do imposto sobre a renda, encontram-se os cânones constitucionais, no topo, e de lá descem aos patamares mais baixos do sistema, que conferem, controlando, a congruência dos numerosos preceitos com os mandamentos da Lei Maior. É curioso observar, trilhando esse caminho epistemológico, como as conexões vão se desgastando e os desvios vão surgindo, à medida que o direito posto avança em direção às condutas intersubjetivas. Princípios seculares, como o da igualdade, da generalidade, da legalidade, da universalidade, da progressividade e da pessoalidade, tão característicos desse tributo, tidos e havidos como instrumentos poderosos para surpreender a capacidade contributiva do sujeito passivo, acabam se esvaziando no percurso de concretização, de tal modo que o imposto chega desfigurado ao tocar o comportamento das pessoas, impotente para exibir as virtudes tão proclamadas pelos estudiosos. Por não preservar o mínimo vital à subsistência digna do ser humano, sua implantação ofende a segurança da tributação, maculando o sobrevalor "justiça", desencadeando efeitos sociais sumamente indesejáveis.

Agora, em clima de reforma constitucional, acesos os debates sobre aspectos estruturais de nosso sistema tributário, nada mais oportuno do que analisar o processo de positivação do Imposto sobre a Renda na ótica da lógico-semântica do sistema jurídico-normativo.

9. Impostos estaduais

Sobre o ICMS, considero que existe um conceito constitucional de mercadoria, pois a palavra compõe a outorga de competência que o constituinte fez aos Estados-membros e ao Distrito Federal. Porém, com o passar do tempo, seu conteúdo expandiu-se para abranger, igualmente, bens incorpóreos destinados à atividade mercantil. Será que a atribuição de sentido há de permanecer a mesma, diante de tantas evoluções tecnológicas ocorridas nesse entretempo? Percebo, claramente, que não. O momento da vida social, jurídica, política e econômica é bem outro, levando-se em conta a mensagem originária, o que significa reconhecer que o contexto mudou e o papel desse item é, absolutamente, decisivo para a configuração do processo comunicacional.

Não é difícil notar, todavia, que a atualidade do assunto é grande, pois o que se passa com mercadoria, aplica-se a todas as palavras de que se serve o legislador. Ninguém controla o destino semântico da linguagem, que se mostra sempre resistente a modificações programadas.

* * *

Vivemos momento crítico, caracterizado pela instabilidade das instituições, principalmente no que concerne ao quadro jurídico-tributário que vigora no Brasil. O país passa por intervalo difícil de sua história e toda a desordem a que assistimos no plano econômico irradia-se para o setor político, social (em sentido estrito), moral e, como não poderia deixar de ser, para os domínios do direito. Certamente que nunca atravessamos período de tanta turbulência na edição de regras atinentes às condutas inter-humanas, de modo especial no exercício das pretensões impositivas do Estado, enquanto Poder Tributante. A ausência de expectativas estáveis impede qualquer iniciativa de planejamento racional por parte dos sujeitos passivos, gerando indeterminações que hoje são sentidas intensamente também pelas autoridades administrativas, perdidas na trama de uma legislação desencontrada, em que a multiplicidade de comandos, editados sem respeito aos superiores princípios da Lei Fundamental, precipita-se sobre a região material das condutas intersubjetivas, em cadeias de normas que se desdobram, muitas vezes, sem o nexo que a harmonia do sistema requer.

Poder-se-ia pensar que diante de cenário de tanta incerteza seria temerária a elaboração de pesquisas mais sérias e atiladas que ferissem temas sujeitos a mutações imprevisíveis, como a do ICMS nas importações, figura que estaria na iminência de desaparecer ao ensejo de modificações drásticas no sistema atual, abrindo espaço para o surgimento de um imposto sobre valor acrescentado, entregue à competência legislativa da União.

Não é esse, contudo, meu modo de refletir. A situação alcançada pela incidência continuará sendo, *ad aeternum*, objeto das preocupações das normas jurídicas sobre o gravame, uma vez que toca ponto delicado das relações interpessoais submetidas ao impacto do tributo: sendo ele o imposto sobre a circulação de mercadorias e de serviços (ICMS), de competência dos Estados e do Distrito Federal, quer se trate de seu sucedâneo, digamos, de um imposto sobre o valor agregado, subordinado ao âmbito competencial da União.

* * *

Atual e relevantíssimo debate é aquele referente à tributação das atividades praticadas por prestadores de serviços de comunicação. A primeira dificuldade decorre do fato de a palavra "comunicação", assim como a quase totalidade dos termos idiomáticos conhecidos, padecer do problema da ambiguidade. No falar quotidiano, e até mesmo em obras que pretendem esclarecer o significado dos vocábulos (dicionários), "comunicação" seria uma palavra utilizada em ocasiões diversas, com sentidos variados. Cientificamente, porém, "comunicação" deve ser entendida em conformidade com a teoria que estuda os signos, isto é, a Semiótica, abandonando-se os sentidos resultantes dos usos comuns. Eis porque entendemos o processo comunicativo como aquele consistente na transmissão, de uma pessoa para outra, de informação codificada. O esquema da comunicação supõe a transmissão de u'a mensagem, por meio de um canal, entre um emissor e um receptor, que possuem em comum, ao menos parcialmente, o repertório necessário para a decodificação da mensagem. Eis o conteúdo semântico cientificamente atribuído ao vocábulo "comunicação".

Comunicação, entendida como o vínculo que se instaura com o ciclo formado pela emissão, transmissão e recepção de mensagens, de modo intencionado ou não, apresenta enorme amplitude, verificando-se sempre que houver dois ou mais sujeitos em contingência de interação. Toda vez que alguém difundir informação, ainda que não destinada a receptor determinado (porém, determinável) e mesmo que de forma inconsciente, esse alguém estará realizando um processo de comunicação.

Prestar serviço de comunicação, por seu turno, consiste na atividade de colocar à disposição do usuário os meios e modos necessários à transmissão e recepção de mensagens, diferindo, nessa medida, da singela realização do fato comunicacional. "Comunicação" e "prestação de serviços de comunicação" são realidades distintas.

* * *

Pouco se tem escrito a respeito do IPVA (imposto sobre a propriedade de veículos automotores), tributo que cresce na medida em que a sociedade brasileira vai adquirindo novos níveis de desenvolvimento. Foi introduzido pela Emenda nº 27/85, constando, hoje, da previsão do art. 155, inciso III, da Constituição da República.

Acontece que os problemas inerentes à sociedade pós-moderna, com o aumento significativo de fatores de complicação, fizeram surgir, entre dificuldades de outras ordens, o clima de competitividade entre os Estados federais que se instalou na dinâmica de nosso sistema e que atinge este imposto, aparentemente simples na sua estrutura operacional.

Noto o levantamento de problemas que vêm atormentando a administração pública e trazendo insegurança aos contribuintes do imposto. Entre eles, a guerra fiscal do IPVA, e o enfrentamento dos problemas mais agudos, tais como (i) os casos das locadoras de veículos e a atribuição de responsabilidade solidária ao locatário; (ii) os veículos objeto de arrendamento mercantil; (iii) o IPVA e a alienação fiduciária em garantia; (iv) o aspecto temporal e a transferência do veículo a outra unidade federada durante o exercício; (v) as sanções políticas aplicadas pelo não pagamento do IPVA.

10. Impostos municipais

Enquanto tributo outorgado à competência dos municípios, o imposto sobre a propriedade predial e territorial urbana vem oferecendo amplo material de debate. Seja no que atina aos parâmetros de mensuração do evento jurídico previsto na hipótese, seja no que tange à própria configuração do fato típico, a verdade é que essa figura suscita interessantes colocações de ordem jurídica, econômica e política, sobre prestar-se, também, a reflexões filosóficas e suas inevitáveis repercussões no plano ideológico. Como todo e qualquer objeto do mundo circundante, permite uma visão interdisciplinar, propiciando aquilo que se costuma chamar de conhecimento global, caracterizado pela amplitude extensional que implica, necessariamente, a superficialidade do tratamento cognoscitivo.

11. As contribuições

Com efeito, a partir do advento da Constituição de 1988, as contribuições (o assunto) adquiriram inusitado interesse, do que é testemunho o número expressivo de manifestações doutrinárias sobre a matéria. Mas as referências científicas a propósito das contribuições vêm se ressentindo da ausência da desejada organicidade, porquanto os trabalhos publicados colhem apenas certos tópicos que, isolados, não têm o condão de oferecer uma visão mais larga e abrangente do objeto. Daí a necessidade em percorrer o ordenamento, entrelaçando normas, invocando princípios e buscando o adequado relacionamento formal entre suas unidades, tudo para propiciar uma interpretação verdadeiramente sistemática a respeito de tão importante setor do Direito Tributário. Pois, se o direito se apresenta como um sistema de linguagem prescritiva de condutas; se a existência específica das normas é integrarem o sistema positivo; não se pode compreender outro tipo de aproximação cognoscitiva que não seja a que prestigie o sistema.

Além dessa integração entre as unidades no ordenamento total, há de ser (para) buscar, incessantemente, como determinação do método que se elege, a regra-matriz da incidência das contribuições, guia seguro para nos imitirmos na intimidade estrutural da regra que provoca a percussão tributária, para examiná-la à luz dos conteúdos do Direito Positivo brasileiro e extrair as consequências práticas tão discutidas nos dias atuais.

* * *

De fato, a Constituição da República concedeu ao ente federal competência para instituir contribuições de intervenção no domínio econômico, tributo que vem proporcionando àquela pessoa política de direito constitucional interno substanciosas arrecadações. Esse fator aumenta ainda mais a força jurídica do poder central, com as inevitáveis projeções no âmbito político e econômico, numa nítida e manifesta supremacia em relação às unidades federadas e aos municípios brasileiros, o que impede a realização dos ideais de equilíbrio e harmonia, valores imprescindíveis ao sistema federativo, prescrito pelos constituintes de 1988. Tal consideração, certamente, foi uma das causas da crítica do Prof. Paulo Bonavides, quando, em linguagem candente, alude à nossa forma de Estado, como a quimera dos constitucionalistas, pois somos hoje uma federação condenada à morte (palavras do discurso proferido na PUC/RS, por ocasião do recebimento da medalha do "Mérito Universitário").

* * *

A expansão do Estado no domínio das múltiplas atividades socioeconômicas assinala um período bem característico para a experiência jurídico-tributária brasileira: o recurso às contribuições como instrumento eficaz no exercício do poder impositivo. O crescimento e o aprimoramento dessa figura no campo do direito posto foram acompanhados de perto pela Dogmática, que passou a investigar-lhe as formas, discutindo suas possibilidades e analisando os efeitos jurídicos e sociais que dela se irradiam, podendo dizer-se significativa, até aqui, a teorização a propósito das chamadas contribuições tributárias.

* * *

As contribuições de intervenção sobre o domínio econômico (CIDES) representam, em termos históricos, a grande descoberta da União para a estabilidade de suas receitas e satisfação de seus anseios impositivos. Atenuaram-se os ímpetos emulativos, não sendo mais preciso disputar, palmo a palmo, com Estados e Municípios, a preciosa potencialidade dos sujeitos passivos de contribuírem com o erário. Para a instituição do gravame, a competência do poder público federal foi estabelecida de modo exclusivo, afastando-se qualquer comentário a propósito de eventual participação das demais pessoas políticas. Tal lembrança, certamente, explica o carinho especial com que as autoridades federais cercam de cuidados essas prerrogativas competenciais, rejeitando sistematicamente as investidas de Estados, Municípios e Distrito Federal, quando desejam condividir, ainda que em proporções diminutas, o montante relativo a essa quase inesgotável fonte de recursos arrecadatórios.

PARTE 3

DIREITO TRIBUTÁRIO INFRACONSTITUCIONAL

1. O fato jurídico tributário e a relação jurídica tributária enquanto antecedente e consequente da norma jurídica

Quando pensamos no fenômeno da percussão jurídico-tributária acode-nos logo à mente o nascimento Estado e, em contraponto, o dever subjetivo do administrado, tendo ambos por objeto a conduta que se consubstancia numa pretensão pecuniária. É criando laços dessa natureza que os comportamentos intersubjetivos são regrados, procurando o legislador implantar certos valores que a Constituição determina para o desempenho da atividade financeira do poder Público no que tange a essa matéria.

Com efeito, em outros tempos já se concebeu a obrigação tributária como o centro de irradiação de todas as especulações científicas a respeito do fenômeno jurídico da incidência do tributo, tendência que cedeu espaço à valorização do fato imponível, produzindo, num excesso de radicalização, o surgimento da já famosa "escola de glorificação do fato gerador".

Nos dias de hoje, recuperou-se a harmonia da composição interna da norma jurídica tributária, que passou a ser, na sua integridade constitutiva, o ponto de referência fundamental para o discurso descritivo da Dogmática. Tanto o relato do antecedente normativo, quanto a prescrição contida no seu consequente interessam, igualmente, à compreensão do impacto tributário. Todavia, o liame que nasce pela disciplina que o direito estabelece para regrar as condutas inter-humanas, nesse setor do relacionamento social.

Ao reconhecermos o fato jurídico tributário, necessariamente expresso em linguagem (e linguagem competente), damos por instalado o vínculo obrigacional, que surgirá, também, por força de um fragmento de linguagem. Interessante notar que, sem o discurso linguístico, cuja forma a lei determina, não há falar-se em fato e, muito menos, em relação. Contudo, o singelo nascimento do laço que atrela dois ou mais sujeitos de direito, em torno de uma conduta obrigatória, que se espera seja cumprida pelo devedor e pode ser exigida pelo credor, ainda não é tudo. Há um longo caminho a ser percorrido, desde o aparecimento do liame até sua extinção, caracterizada, em regra, pelo instante em que o Estado-Administração torna efetivo o recebimento da quantia em dinheiro que caracteriza o objeto da prestação tributária. Nesse entretempo, muitas coisas podem ocorrer, modificando a feição inicial do vínculo.

2. Os sujeitos da relação jurídica tributária e as normas de responsabilidade

Não é sem propósito o asserto de que a ciência do Direito Tributário já abandonou o estágio de glorificação do "fato gerador", polarizando suas atenções no laço abstrato que, assumindo formas diferentes, amarra o sujeito passivo aos desígnios impositivos da entidade tributante.

Na doutrina brasileira, porém, a evolução se opera de modo gradativo e, cursivamente, os autores vão dando conta da existência de um feixe, sobremedida complexo, de direitos, poderes e poderes-deveres que estariam por envolver a figura do sujeito ativo, talhando a situação que as modernas obras italianas e espanholas chamam de "procedimento de gestão tributária".

Sob o signo de certa insegurança e palmilhando caminho pleno de obstáculos, nossos autores tomaram consciência da impossibilidade de estudar-se a relação jurídica tributária, tão somente perlustrando a implicações do objeto do vínculo, ou mesmo da pessoa jungida ao implemento da prestação. Tornava-se imperioso inquirir, para o exame completo dos laços abstratos, que o direito positivo prevê, da posição do sujeito ativo, significa dizer, daquela entidade que se acha investida do direito subjetivo, ou do poder, ou poder-dever, no quadro da realização dos anseios impositivos do Estado.

* * *

É de conhecimento geral a intensa gama de intrincados problemas que a matéria da responsabilidade tributária suscita, principalmente quando analisamos certas mutações na estrutura societária do sujeito passivo, como é o caso da cisão.

* * *

Enquanto fenômeno comunicacional, tal qual a experiência jurídica vem sendo investigada nos mais avançados estudos da pós-modernidade, o receptor ou destinatário da mensagem assume proporções decisivas, cabendo-lhe, em termos rigorosos, a própria formação do texto. Anota UGO VOLLI que é ele "quem decide, definitivamente, os seus limites, isto é, que estabelece com seu ato de leitura qual é exatamente o texto recebido... É o receptor quem contextualiza o texto à sua enciclopédia, isto é, quem atualiza determinados significados ao contrário de outros... Finalmente, é o receptor que preenche os inevitáveis buracos do texto com a sua atividade figurativa, que usufrui o texto transformando-o de objeto inerte em relação social." (*Manual de Semiótica* - Edições Loyola - 2007, p. 23).

Reconheço que os destinatários das mensagens legisladas são todas as pessoas da comunidade, incluindo-se nesse hemisfério o Estado-administração, mas há reiterado processo de intercâmbio procedimental entre os integrantes da relação tributária, de tal maneira que o sujeito ativo exerce seu direito subjetivo à percepção do gravame mediante insistentes atos de comunicação, em que comparece como editor de mensagens (notificações, intimações), ao passo que, nesses impulsos comunicativos, o sujeito passivo ocupa a posição de receptor.

Na ordem da implantação prático-objetiva, é nos horizontes do sujeito passivo que o legislador calibra as exigências impositivas, dosando a carga tributária consoante os valores que põe em jogo e o grau de resistência que o destinatário possa oferecer às pretensões do Estado. Basta atinar a essas observações para perceber a importância fundamental do tema, sempre aberto ao interesse da pesquisa e pronto para atender às inquietações do espírito.

É preciso salientar, contudo, que a matéria é complexa. Aliás, penso tratar-se do setor que mais dificuldades tem levantado no curso das relações entre o Fisco e sua tradicional contraparte. Os itens que envolvem o polo passivo desse liame, com as subdivisões que o direito positivo foi construindo e a doutrina descrevendo e consolidando, como contribuinte e responsável, vinculados, às vezes, pelos laços da solidariedade e da subsidiariedade, formam hoje setor altamente particularizado, dentro do quadro geral da Ciência do Direito Tributário, que surpreende o especialista e confunde os interessados, numa intrincada rede de possibilidades operativas.

* * *

Parece estranho que certos temas, reconhecidamente questionáveis, permaneçam por longo do tempo sem o apropriado tratamento científico que a experiência reclama. Assim é o caso da responsabilidade tributária na aquisição do estabelecimento empresarial. Por mais que se repetissem os desencontros de opinião entre especialistas, por maior que tenha sido a oscilação jurisprudencial sobre o assunto, não houve quem se detivesse para organizar as dúvidas, hierarquizar os tópicos e, desse modo, sistematizar a matéria.

O Código Tributário Nacional, com a valiosa contribuição que seu advento proporcionou, há de ser interpretado para que tenha seguimento uniforme o processo de positivação dos comandos constitucionais, pretendendo alcançar o nível das condutas intersubjetivas. Bem na linha de Lourival Vilanova, lembremo-nos de que interpretar é atribuir valores aos símbolos, adjudicando-lhes significações e, por meio dessas, fazer referência aos objetos do mundo.

3. Crédito e obrigação tributária

Numa visão histórica, tida aqui como análise longitudinal da realidade, é útil recordar que os mais antigos comentários sobre a figura do "tributo" detiveram-se no exame da obrigação tributária, ainda que dela se ocupassem no contexto de outros estratos de conhecimento, como a velha e superada Ciência das Finanças, que acabou por perder-se em virtude de sua abrangente e pretensiosa maneira de focalizar a atividade financeira do Estado, fim último de suas investigações. Durante longo período, a matéria que faz aqui nossos cuidados foi o grande eixo de referência para os estudos a propósito do "tributo". Até que o famoso artigo de Gastón Geze, publicado na *Revista de Direito Administrativo* nº 2, aparentemente deslocou a atenção para o chamado fato gerador, conquanto esse acontecimento linguístico tenha, por outro lado, enaltecido a própria obrigação tributária, pois o fato gerador era e sempre foi, o exclusivo responsável pelo nascimento daquele vínculo abstrato. O terceiro período é aquele pelo qual atravessamos, com acento na norma jurídica, estrutura lógico-sintática de significação, cuja hipótese prevê o fato e o consequente estatui a relação de cunho patrimonial a que chamamos de obrigação tributária.

Discorrer sobre o tema, certamente, não é empreendimento para iniciantes: é tarefa de iniciados, de quem já transitou, com insistência, pelos domínios da mente, entreligando atos, formas e conteúdos de consciência, precisamente aqueles que dizem respeito ao elo sem o qual não há falar-se em direitos subjetivos e deveres correlatos.

A obrigação tributária inclui-se entre as relações jurídicas de caráter prestacional, marcada pelo timbre da patrimonialidade. Sua vocação é extinguir-se por uma das formas previstas no Código Tributário Nacional. Não sendo pela modalidade do pagamento, meio que atende aos anseios impositivos do Estado-legislador, prevê aquele Diploma outras providências extintivas, cercando a dissolução do liame das garantias inerentes aos direitos e prerrogativas das partes envolvidas. O processo de desaparição do laço obrigacional é tratado com tanta minúcia que justifica a asserção doutrinária segundo a qual, além da patrimonialidade, há o traço inequívoco da irresistível vocação ao desaparecimento. O Direito, implacável senhor dos tempos e dos espaços, não admite que as situações jurídicas permaneçam indefinidas, gerando incertezas e provocando instabilidade no contexto social. Mas, no que tange ao laço obrigacional tributário, a disciplina é intensa, cuidadosamente tecida para contemplar os casos possíveis de ineficácia normativa, ciente o legislador dos importantes valores que entram em jogo com a implantação e subsequente arrecadação dos tributos.

4. Os deveres instrumentais

A implantação e administração dos tributos requer um subsistema complexo de providências normativas da mais variada ordem. Nessa gama imensa de expedientes, alguns de iniciativa dos órgãos do Estado, outros de atribuição do administrado, inscrevem-se medidas no mínimo curiosas. O crescimento vertiginoso dos deveres instrumentais ou formais, cumulando o sujeito passivo de incumbências perante o Fisco, para poder liberar-se das prestações pecuniárias que lhe cabem, é um dado que caracteriza o momento histórico presente: a pós-modernidade. A hipercomplexidade das relações sociais é algo indissociável da sociedade pós-moderna e não poderia estar ausente no intenso relacionamento que se estabelece entre o Poder Público que tributa e o particular chamado a contribuir com seu patrimônio para a consecução dos fins econômico-sociais que o Estado visa a alcançar. Sobre isso, aliás, tenho mencionado, reiteradas vezes, a marcha inexorável desse processo: não pode deixar de ser assim. O Estado-administração não pretende expandir seus meios de atuação, apenas enriquecê-los com tecnologias mais modernas e avançadas. O tamanho dos seus quadros tende a permanecer aproximadamente o mesmo, se bem que treinamentos cada vez mais apurados pretendam aprimorar as formas e modelos de seus procedimentos. Enquanto isso, cresce em acelerada progressão o universo dos sujeitos passivos de obrigações tributárias, como subproduto do desenvolvimento socioeconômico e, também, pela redução gradativa das situações de extraoficialidade. Ora, o resultado não poderia ser outro: aumento sistemático e incontido de deveres instrumentais ou formais que a legislação tributária comete ao sujeito passivo. É bom esclarecer que tal movimento não advém de abuso por parte da autoridade que tributa, porém daquele que legisla, do legislador tributário. E importa assinalar que esta proposição afirmativa conta com o testemunho empírico de todos os países da atualidade, tanto os do direito continental europeu, quanto os de formação anglo-saxônica.

5. O lançamento tributário e a norma individual e concreta do contribuinte

A consciência de que a constituição do crédito tributário é uma construção de linguagem, produzida pelo agente competente consoante os padrões e o estilo que a lei rigorosamente estipula, por estranho que possa parecer, é uma conquista relativamente recente, na história da Dogmática do Direito Tributário. Oscilando entre as concepções de procedimento e de ato, envolvida no problema semântico da ambiguidade "processo/produto", a doutrina deixou passar, por período maior que o necessário, a percepção de que os fatos jurídicos e, entre eles, o do lançamento tributário, eram formações linguísticas, como tais devendo ser pesquisadas. No fundo, empreendido o procedimento e celebrado o ato, uma norma individual e concreta é posta na ordem jurídica, como resultado do processo de positivação do direito, em que da regra-matriz de incidência, conjunto aberto a infinitas possibilidades factuais, o editor do ato chega a uma classe de um elemento só, em rigoroso esquema de determinação. Eis o ato de lançamento, como veículo introdutor (regra geral e concreta), inserindo a norma introduzida (regra individual e concreta).

Acontece que nas ordens positivas das sociedades atuais, o lançamento, enquanto ato jurídico administrativo que aplica a regra-matriz de incidência a uma situação concreta do mundo circunstante, passou a existir em quantidade cada vez mais reduzida. O tamanho tendencialmente estável dos aparatos administrativos, em proporção ao crescimento acentuado do universo dos sujeitos passivos, vem determinando que as legislações atribuam aos contribuintes a "competência" para expedir o ato de linguagem responsável pela introdução da norma individual e concreta no sistema do direito positivo. Desse modo, crescem os deveres instrumentais ou formais cometidos ao devedor do tributo, aumentando, correlativamente, o dever de vigilância do Poder Público. Mas, o lançamento mesmo, no seu particularíssimo modo de ser e de existir, como expediente de constituição originária do crédito do tributo, comparece, cada vez menos, nas situações efetivas da experiência jurídico-tributária. No modelo atual, seu papel tende a concentrar-se nas circunstâncias em que o Fisco exerce competências controladoras da atividade do poder privado, deparando-se com eventos que denotem a possibilidade de direitos subjetivos da Fazenda Pública. Nesses casos, o ato de constituição do crédito é produzido com o objetivo de desconstituir aquel'outro de iniciativa do sujeito passivo, no contexto, é claro, do Processo Administrativo Tributário. O quadro está amplamente generalizado nos países de cultura ocidental, constituindo tema de constantes reivindicações. Penso, contudo, que a marcha é inexorável. Não há como inverter a situação: os sujeitos passivos verão aumentar, gradativa, mas substancialmente, sua participação na determinação dos créditos tributários. Seja como for, e ainda que o ato administrativo venha a desempenhar função insignificante, em termos quantitativos, na multiplicidade dos procedimentos de gestão dos órgãos públicos, o certo é que as teorias sobre o lançamento mantêm-se intactas, prontas para serem aplicadas no estudo de atos dos particulares que cumpram idêntico objetivo, qual seja, apurar em termos determinativos os conteúdos dos fatos e das obrigações tributárias previstas na regra-matriz de incidência tributária.

* * *

De fato, o estudo do lançamento, enquanto ato jurídico administrativo, trouxe novos rumos à análise do instituto, consubstanciando-se em poderoso instrumento para penetrar-lhe a intimidade e desvendar-lhe segredos, ao mesmo tempo em que abriu caminho a uma análise mais aprofundada, rendendo ensejo à formação de um feixe de proposições descritivas, com pretensão veritativa, a que chamamos de teoria. Contudo, a consideração do lançamento, como ato jurídico, reclama meditação apurada sobre os expedientes que o antecedem, além de exigir controle rígido do teor de sua legalidade, o que se obtém mediante a sucessão de atos e termos que compõem o chamado procedimento administrativo. Como formalização do suporte fático e do vínculo jurídico-tributário surgido por força de sua incidência, automática e infalível no dizer de Becker, o lançamento tributário é documento fundamental em certos impostos, pois, sem ele, o Estado-administração não tem como exercitar o direito subjetivo de que se acha investido, a contar da ocorrência do fato jurídico. Daí os cuidados que o ordenamento prevê para sua edição, estabelecendo limites, criando proibições e canalizando a atividade dos órgãos fiscalizadores, de tal modo que os contribuintes se sintam protegidos contra abusos e possíveis excessos que este tipo de atividade normalmente suscita.

* * *

Há aspectos culminantes na atividade de implantação e efetivação dos tributos. E o ato jurídico de lançamento é um dos instantes decisivos. Em torno dele, direta ou indiretamente, estarão circunscritos os grandes debates sobre o tema tributário, seja para imaginá-lo, realizando seu particularíssimo modo de produzi-lo, quer para cogitar dos princípios constitucionais e infraconstitucionais aplicáveis à sua realização, seja para discutir os critérios de validade, vigência e eficácia que circundam, necessariamente, a edição de qualquer unidade que se pretenda inscrita no processo de positivação do direito tributário brasileiro.

A questão de saber se o lançamento é ato, procedimento ou norma, penso eu esteja superada em termos de elaboração doutrinária, principalmente depois da grandiosa obra de Gregorio Robles (*Teoria del Derecho*, Civitas, Espanha, 5ª edição), sobre a qual já empreendi alguns comentários. Tudo depende do ângulo pelo qual desejamos estudar esse expediente jurídico-administrativo. Qualquer das propostas não só se justifica, como se torna imprescindível para uma aproximação mais detida e integral da figura.

* * *

É a norma individual e concreta, construída segundo o modelo da norma geral e abstrata, na dinâmica do processo de positivação do direito, que atinge o plano das condutas intersubjetivas, regulando-as pelo emprego dos três modais deônticos: permitido (P), obrigatório (O) e proibido (V). Por si só, a norma geral e abstrata não consegue ferir, decisivamente, os comportamentos interpessoais, reivindicando sua projeção mediante a individualidade e a concreção de outra regra.

É preciso um ato administrativo (lançamento) ou expediente de iniciativa do particular (autolançamento) para imitir no sistema do direito posto a norma individual e concreta que tipificará o evento tributário, convertendo-o em fato jurídico, ao mesmo tempo em que firmará em linguagem competente a relação jurídica por ele irradiada.

Os eventos da vida social vão se encaixando, cada um a seu modo nos modelos da regra-matriz de incidência, toda vez que o agente público ou o particular lograrem produzir a linguagem específica, prevista pelo ordenamento.

* * *

Ninguém ingressa na intimidade do lançamento, sem dominar uma porção significativa da Teoria Geral do Direito, como também não se concebe o estudo da matéria sem fortes consistentes tomadas de posição nos domínios do Direito Administrativo. Pensar no lançamento e no feixe de poderes de que dispõe o Estado-Administração para realizá-lo, é pensar no problema da aplicação do direito ao caso concreto, equivale a dizer, cogitar da incidência jurídica e de todas as vicissitudes que lhe são inerentes. É considerar o instante mesmo em que a norma jurídica, por virtude de uma ocorrência factual, fere decisivamente a conduta intersubjetiva, para regrá-la como obrigatória, proibida ou permitida, orientando-se, desse modo, em direção aos valores que a sociedade pretende ver objetivados. Trata-se de um fato plurilateral, que reclama incisivo corte metodológico, para que se torne possível o aprofundamento cognoscitivo. E conhecer é reduzir complexidades, estruturando-as. É promover drástica e radical seleção no quadro da multiplicidade interminável de aspectos que envolvem o *factum* no plano de real-social, para recolher apenas alguns deles, que se sotoponham ao critério eleito. Conhecer é aproximar-se o sujeito do objeto, preparado com instrumental eficiente, não só para enfrentar as dificuldades correspondentes ao processo de aproximação, mas para imprimir-lhe o rendimento final que se expressa na captação dos conteúdos significativos da matéria observada, trazendo para a consciência do sujeito cognoscente algo que está fora dele. Essa apreensão intelectual, que Gofredo Telles Jr. trata como o renascimento do objeto conhecido, em novas condições de existência, dentro do sujeito conhecedor, vai apresentar-se como transferência de algumas propriedades do objeto para o sujeito pensante.

6. Extinção do crédito tributário

Entre as modalidades de extinção das obrigações tributárias está a compensação de débitos do contribuinte com créditos que ele mantenha perante o Estado-administração. Tudo, é claro, havendo lei que autorize e nos precisos termos em que ela o fizer, em atenção ao princípio implícito da indisponibilidade dos interesses públicos. Subjacente, como algo a ser pensado pela Teoria Geral do Direito, temos a norma autorizativa da compensação como metanorma, pressupondo duas outras, de instância lógica inferior, sobre as quais vai incidir. Ao mesmo tempo, creio ter razão o autor quando insiste em dizer que aquilo que se extingue, no quadro das compensações estudadas, são obrigações e não simplesmente créditos, como um exame mais precipitado do assunto poderia até insinuar.

* * *

O estudo da compensação como forma extintiva prevista no art. 156, II, do Código Tributário Nacional não se limita ao disposto em lei. A análise do processo de positivação desta figura, nos tribunais, reabre as expectativas para um tratamento jurídico consistente sobre o desenvolvimento da matéria, sempre atento para a circunstância de que a fração de justiça que a decisão do caso concreto requer postula a presença de itinerário definido, de tal modo que seja dado ao leitor perceber a progressão do raciocínio dirigindo-se, célere, para o encaminhamento das conclusões, momento em que se torna mais remoto o perigo da emissão de juízos de valor extravagantes, proferidos fora dos horizontes de previsibilidade que ao senso do direito convém admitir.

Aquela "circularidade" que os estudiosos acentuam existir no sistema do direito será representada no intercurso do mundo dos eventos com o domínio da linguagem jurídico-prescritiva. Os editores de normas vão buscar, incessantemente, a matéria dos fatos sociais (na região dos eventos), para neles retroagir, projetando preceitos que regulem as condutas intersubjetivas e implantem valores: acontecimentos geradores de regras que, por sua vez, retrovertem sobre aquelas ocorrências, produzindo a disciplina jurídica.

Discute-se, hoje, a possibilidade de adoção de critério adequado para classificar as "ações tributárias", movimentando-se com sutileza nessa região tão delicada das técnicas que presidem a positivação do direito, sugerindo caminhos pelos quais se passa das normas gerais e abstratas para as individuais e concretas.

A compensação de débitos do contribuinte com créditos que ele mantenha perante o Estado-administração, como modo de extinção das obrigações tributárias, claro, deverá ser prevista em lei que autorize a compensação e nos precisos termos em que ela o fizer, em atenção ao princípio implícito da indisponibilidade dos interesses públicos.

Subjacente, como algo a ser pensado pela Teoria Geral do Direito, temos a norma autorizativa da compensação como metanorma, pressupondo duas outras, de instância lógica inferior, sobre as quais vai incidir.

Cumpre destacar que aquilo que se extingue, no quadro das compensações estudadas, são obrigações e não simplesmente créditos, como um exame mais precipitado do assunto poderia até insinuar.

* * *

O tema prescrição e decadência é um desafio constante à compreensão do intérprete, suscitando dúvidas de todas as direções, pois não se trata aqui do tempo cronológico, histórico, biológico ou tomado em outras e variadas acepções. O sentido de "tempo", para o direito, há de ser uma construção eminentemente prescritiva, como, de resto, os marcadores de espaço e aqueles que se referem ao miolo dos fatos e das condutas (que também são fatos relacionais). O legislador (em sentido amplo, aquele que introduz normas no sistema) é quem diz como o tempo deve ser contado: seu início, a continuidade ou descontinuidade de seu fluxo, e o tópico que vai assinalar o termo final de sua duração: "o direito é senhor do tempo", segundo a tradicional asserção dos juristas.

Ora, de ver está que o assunto transcende o plano dos preceitos normativos e se projeta nos domínios da Teoria Geral, da Filosofia do Direito e das básicas meditações da Filosofia Geral. As reflexões sobre decadência e prescrição interessam, portanto, a toda a extensão do jurídico, como formas imprescindíveis ao seu próprio funcionamento enquanto sistema prescritivo.

* * *

Sempre que o fluxo do tempo ameaçar, de algum jeito, a obtenção daquele almejado equilíbrio, que se reflete no princípio da firmeza ou da certeza jurídica, prevê o sistema a ocorrência de fatos extintivos, os quais têm o condão de definir, drasticamente, a situação pendente, determinando direitos e deveres subjetivos correlatos. Entre tais acontecimentos estão a *decadência* e a *prescrição*.

Assim como ocorre com todas as entidades do hemisfério jurídico, *decadência* e *prescrição* podem ser analisadas em várias dimensões: numa instância normativa, como regras que compõem o sistema do direito positivo, ou no plano factual, como acontecimento do mundo, descrito em linguagem. Fala-se, portanto, em "norma decadencial" e em "fato decadencial"; em "norma prescricional" e em "fato prescricional".

Na condição de normas, desfrutando da comum estrutura inerente às unidades do ordenamento, integram-se de um antecedente ou hipótese e de um consequente ou tese, estipulando as respectivas hipóteses que "*dado o decurso de certo trato de tempo, sem que o titular do direito o exercite*", instaurar-se-á o preceito estipulado na tese, desconstituindo-se o direito subjetivo de que o sujeito ativo esteve investido.

7. As isenções tributárias

O estudo do perfil constitucional das isenções é tema delicado porque alça o exame da matéria, ordinariamente tratado no plano infraconstitucional, para apreciá-lo à luz dos preceitos sobranceiros da Lei Suprema. E afirmo que o enfoque é pouco usual, porquanto a doutrina sobre o assunto, desdobrando-se na análise da farta produção legislativa que marca o exercício das competências tributárias dos entes políticos, raras vezes tem discutido os limites e os pressupostos que a Constituição estabelece, tendo em vista a possibilidade de outorga de isenções.

Com efeito, para o campo da especulação jurídica, o vocábulo "isenção" experimentou sensível oscilação semântica ao longo das últimas décadas. De "dispensa do pagamento do tributo devido", para "hipótese de não incidência legalmente qualificada", passando por "fato impeditivo", até chegar ao fenômeno de "encontro de normas com a mutilação da regra-matriz de incidência", o instituto se estende em termos significativos, propiciando interessante fonte de pesquisa. Tudo vai depender do paradigma que for adotado e dos padrões de consistência do estudioso ao promover suas investigações.

* * *

Poucas matérias têm suscitado tantas dúvidas e fomentado tão grande insegurança como a temática das isenções. Igualmente no seio da jurisprudência, como na obra dos mais aforados tributaristas, o instituto se encontra plasmado sem o travo esclarecedor de u'a metodologia precisa e rigorosa, capaz de sugerir soluções apropriadas a hipóteses que o direito positivo consagra e que os aplicadores da lei não conseguem destrinçar, soabrindo caminhos efetivos ao conhecimento do regime jurídico adequado à espécie.

A palpitante realidade do direito, contudo, vivificada, a cada passo, no esplendor de sua eficácia, vem postulando novas elucubrações, alinhavadas para o fito de explicar certos problemas que, até agora, não lograram convincente descrição jurídico-científica. Isto porque, por mais admirável que fosse a arquitetura composta e desenvolvida pelos júris-cientistas, remanesceria o campo inexaurível do próprio progresso da ciência, onde há sempre espaço à reflexão e tempo para sopesar conjecturas e alternativas depositadas nos misteriosos arquivos da memória.

* * *

"Isenções" sempre foi um tema complexo, ainda que intensamente presente na economia das relações tributárias brasileiras. Seus efeitos liberatórios, suas consequências no campo negocial, seu perfil de instrumento eficaz para a obtenção de resultados extrafiscais, entre outros, seriam aspectos relevantes para identificar o instituto como algo de fácil manejo, sempre à disposição das autoridades que legislam, tendo em vista calibrar o impacto da percussão dos tributos, atenuando distorções e aperfeiçoando os microssistemas de incidência. É larga a utilização do mecanismo das isenções na tradição jurídica de nosso país, oferecendo conteúdos amplamente discutidos, quer na esfera dos órgãos administrativos, como nos domínios do Poder Judiciário. Tudo se conciliaria, portanto, para fazer do assunto matéria rica em construções doutrinárias, com propostas teóricas aptas para descrever esse fenômeno jurídico em termos de elucidação fecunda.

Sabemos, entretanto, que não é assim. As poucas teorias existentes esbarram em obstáculos de difícil transposição, permanecendo em nível epidérmico, tão ao gosto daqueles que se satisfazem com soluções rápidas e pretensamente "eficientes". Basta mencionar que a tese clássica, vigorando por muito tempo, concluiu tratar-se de singela iniciativa mediante a qual o legislador dispensava o pagamento do tributo devido, isto é, pressupunha a incidência da regra de tributação e, de seguida, o efeito da norma exoneratória que cumpria, por essa forma, o papel de desqualificar, juridicamente, o dever obrigacional nascido com o impacto da primeira. A antítese inverteu a sequência: tomava como certo que a regra de isenção incidia para que a de tributação não pudesse fazê-lo, porquanto, ao chegar ao plano factual, já encontrava a situação adequadamente protegida. Na terminologia de Pontes de Miranda, a corrente mais antiga, presente no subsolo do Código Tributário Nacional, tomava a isenção como norma desjuridiscizante, ao passo que a contraste a concebia como regra não-juridiscizante, uma vez que evitava a juridiscização do *factum* previsto na lei como ensejador do nascimento de prestações tributárias.

De ver está que as duas propostas da Dogmática tinham um ponto comum: disputavam a velocidade da incidência das normas jurídicas. Para a teoria tradicional, a regra de tributação chegava antes, cumprindo seu papel juridiscizante, enquanto a de isenção, quando atingia o fato, já se deparava com a situação consumada, restando-lhe apenas promover a dispensa do pagamento do tributo devido (devido por força da incidência da primeira). Ao transpor os elementos da análise, a tese renovadora atribuiu maior presteza à norma de isenção que, de maneira fulminante, desabava sobre o acontecimento previsto, protegendo-o das irradiações implacáveis da regra de tributação. Esta, de trajetória mais morosa, não tinha como expandir efeitos, impedida de propagar sua carga de juridicidade.

Dentro desse quadro, impunha-se a revisão das premissas, tornando-se evidente a necessidade de repensar o assunto. Mas, refletir sobre ele significava ingressar no terreno da Filosofia do Direito para, de lá, empregando categorias fundamentais do conhecimento jurídico, projetar luzes sobre a fenomenologia das isenções. Isso explica, de certa forma, a relutância da doutrina convencional em procurar outros caminhos, conformando-se em conviver com soluções pouco satisfatórias e mantendo o véu de dificuldades que obscurecia o contato com esse tema.

Creio que foram sobremodo relevantes os estudos desenvolvidos no Brasil sobre a teoria da norma tributária, atrelando hipótese e consequência como proposições indissociavelmente ligadas para outorgar caráter de unidade às mensagens deônticas. Com o isolamento da regra-matriz de incidência ficou mais fácil observar o dinamismo do fenômeno jurídico em geral e sua aplicabilidade ao setor das imposições tributárias.

Daí para a produção de modelos específicos que atendessem às reivindicações de nossa realidade empírica, foi mera questão de tempo, pois estabilizou-se a plataforma sobre a qual uma teoria das isenções, bem composta em sua estrutura lógico-semântica, poderia erigir-se. E quando me refiro a uma teoria não pretendo assumir posição ontológica a respeito do assunto, como se somente uma fosse possível. Desde que bem articulada, tecida a partir de meditações da lógica do dever-ser e desenvolvida sobre categorias da Teoria Geral do Direito, vertendo-se em linguagem apropriada, as construções do espírito adquirem foros de sustentação científica, merecendo o respeito da comunidade especializada. Sua expansão, contudo, dependerá de fatores de ordem pragmática, tornando-se mais ou menos convincentes.

8. Planejamento tributário

Mesmo reduzida à expressão mais simples, é no domínio semântico que a "elisão" tem oferecido os maiores e mais difíceis obstáculos. Como os símbolos do direito podem assumir proporções significativas diversas, consoante o contexto, é impróprio afirmar que esta ou aquela demarcação conceptual seja a verdadeira, mas sim que sua utilização se manteve dentro das expectativas da comunidade do discurso.

Os conceitos correntes de "elisão" qualificam efeitos de fatos e não os fatos mesmos. Enquanto ocorrência do mundo social, jurisdiscizada pelo direito, a conduta ainda não pode ser reconhecida como "fato elisivo". Será preciso que se irradiem os efeitos próprios, para podermos falar, fundadamente, em "elisão".

Nas situações do mundo real, lembradas como exemplo sobre o assunto, durante todo o trajeto do percurso gerador de sentido, o pensamento do exegeta lida com dados exclusivamente jurídicos: analisa hipóteses de incidência, compara bases de cálculo, aplica alíquotas, confere qualificações normativas de eventuais sujeitos passivos. Até os valores que quantificam as operações, muito embora expressos em pecúnia, comparecem como o resultado de procedimentos regidos pelo direito, de tal modo que não sobra espaço para conjecturas de outra índole, que pudessem recomendar o emprego de categorias e formas do pensar dos economistas. As próprias vantagens ou desvantagens aferidas entre os resultados obtidos entrariam num jogo comparativo de prestações tributárias, realizadas estas na estrita conformidade dos parâmetros legais. Vê-se que interpretações dessa natureza nada têm de econômicas, tecidas que são com elementos, categorias e formas necessariamente prescritas em textos do direito positivo e desenvolvidas mediante fórmulas procedimentais igualmente contidas naqueles textos.

* * *

Dissera-o Alfredo Augusto Becker que o jurista, observado por certo ângulo, é o semântico da linguagem do direito. Seu mundo consiste em pesquisar os empregos admissíveis que o discurso jurídico comporta, inserindo-os, cuidadosamente, na amplitude dos textos. Trabalho minucioso, que requer atenção, pois o percurso gerador de sentido atravessa domínios e contradomínios, à busca daquela carga de comunicação que conduza a mensagem e sensibilize o destinatário, no âmbito daquilo que corresponda às pretensões do editor. E "planejamento tributário" é uma dessas expressões que se tem prestado a uma série de desencontros significativos, na experiência jurídica brasileira. Tanto recebe a denominação de "planejamento" o programa de atividades previstas como necessárias à implementação de medidas imprescindíveis à obtenção de certos valores, como os expedientes pouco ortodoxos que o devedor leva a cabo para safar-se de situações perigosas ou eticamente suspeitas. Aliás, o planejamento comparece de ambos os lados: há de existir planejamento para a cobrança dos tributos, bem como planejamento para a satisfação prestativa, por parte do devedor. Eis um sentido importante para o conjunto expressional, firmado no *quantum* de organização que deve estar presente, tanto na pretensão de receber, quanto no dever de pagar. O valor que se procura alcançar é a "eficiência na ação" ou no "conjunto de ações praticadas", sejam elas pelo Fisco, arrecadando o máximo possível, dentro da lei, sejam da parte do devedor do tributo, fazendo valer os direitos e garantias constitucionais que lhe permitem calcular o gravame efetivamente devido em dada situação concreta. Reduzindo-se à expressão mais simples, a eficiência deve presidir as ações dos agentes tributários que, para tanto, hão de estar convencidos a respeito da situação que momentaneamente os envolve, mas, sobretudo, do plexo de direitos e deveres que o sistema jurídico estipula para reger tais acontecimentos.

As dificuldades naturais do tema trouxeram instabilidade às relações entre administração e administrados, de tal modo que a insegurança atinge os dois polos do vínculo, irradiando-se pelo Judiciário. As construções técnicas do direito positivo estão longe de serem suficientes para o satisfatório equacionamento do problema, e os institutos da elisão tributária e da evasão fiscal, permanecem como fontes de referência à espera de que combinações adequadas de sentido demonstrem, persuasivamente, os caminhos jurídicos que devem ser seguidos.

9. Negócio jurídico e simulação

Tema que tem ocupado espaço sem precedentes nas discussões dos tributaristas diz respeito à validade do negócio jurídico e seus efeitos tributários. De um lado, tem-se a opção negocial do particular, fundada na autonomia da vontade; de outro, a prática de negócio jurídico simulado, para exteriorizar uma realidade jurídica, encobrindo outra efetivamente praticada. Nesse sentido, tenho afirmado que por simulação compreende-se, em síntese, uma declaração enganosa da vontade, visando a produzir efeito diverso daquele que a declaração real da vontade acarretaria.

Mas, como determinar uma "declaração enganosa da vontade"? Como saber sobre a "vontade real"? Se o real é infinito e irrepetível, haveria mecanismos para alcançá-lo? Tal determinação, penso eu, só é possível nos limites da própria linguagem constitutiva do ordenamento. Daí a relevância da interpretação, dirigida aos vestígios dos atos de fala que tenham inserido o negócio no sistema do direito.

Pois bem. No degrau da hermenêutica jurídica, o grande desafio de quem pretenda desvelar o conteúdo, sentido e alcance das regras de direito radica na inafastável dicotomia entre a letra da lei e a natureza do fenômeno jurídico subjacente. No exercício dessa tarefa, depara-se o estudioso com realidade juridicamente complexa. Analisando no contexto de uma visão sistemática, onde as unidades normativas se entreligam formando uma estrutura sintática; onde há, inequivocamente, um referente semântico consubstanciado pela região material das condutas, ponto de confluência das iniciativas reguladoras do comportamento intersubjetivo; e onde se verificam as inesgotáveis manifestações dos fatores pragmáticos. Tudo isso, repito, traz ao estudo do fenômeno jurídico complexidades imensas. Na qualidade de exegeta, deve partir da literalidade do texto, e buscar as significações sistêmicas, aquelas que retratam os específicos parâmetros instituídos pelo sistema. E esses obstáculos à construção de sentido estão presentes nos diversos níveis de linguagem inerentes ao percurso de positivação do direito, deles não escapando quem pretenda examinar um negócio jurídico.

10. Regime Especial de Regularização Cambial e Tributária - RERCT

O aspecto nomodinâmico do direito é algo que está presente à nossa percepção, com a força e a evidência das proposições inquestionáveis. No ordenamento positivo, há normas que entram, há normas que saem, acrescentando ou reduzindo o sistema, tal como as nuvens do céu, que assume, a cada instante, novas configurações.

Ora, entre os múltiplos setores da ordem total, o direito tributário tem sido campo fecundo para as mutações que os subsistemas sociais, políticos e econômicos constantemente exigem. Exemplo eloquente é o Regime Especial de Regularização Cambial e Tributária, instituído pela Lei 13.254/2016,[1] corpo de medidas que se inscreve em contexto internacional dos mais instigantes para quantos estudam a atividade fiscalizatória do Estado: avanço na captação e no processamento de dados, associado ao fomento de mecanismo de cooperação entre as nações, para fins tributários e bancários, o que significa a construção de um autêntico "Fisco Global". Demonstração dessa tendência é o conjunto de iniciativas fundadas em disposições do FACTA estadunidense (*Foreign Account Tax Compliance Act*) e dos "*Standard for Automatic Exchange of Financial Account Information in Tax Matters*", no contexto da OCDE, e que vem servindo de parâmetro para muitos países, entre os quais se inclui o Brasil.

Com efeito, entre as recomendações formuladas no âmbito da OCDE, antes que passem a vigorar os tratados de troca de informações fiscais e o controle minucioso dos valores mantidos no exterior, os Estados signatários dos acordos de cooperação internacional devem criar um mecanismo de "transição", possibilitando aos contribuintes a retificação de todas as declarações e o pagamento, em condições favorecidas, das obrigações tributárias correspondentes. Disciplina dessa natureza abre caminho para que os residentes no país declarem, voluntariamente, o montante dos ativos existentes no exterior, antes que eles sejam objeto de investigação pelas autoridades competentes, dando ensejo à responsabilização de ordem tributária, cambiária e penal. Trata-se de iniciativa já implementada em outros países e que vemos, agora, realizada no Brasil, na forma prevista pela Lei 13.254/2016.

Tão logo publicado o referido Diploma, estudiosos de assuntos tributários, aqui no Brasil, puseram-se a refletir sobre as disposições recém- introduzidas no ordenamento jurídico, intensificando-se o debate produzido junto às autoridades

1. **Nota do editorial:** A Lei 13.254/2016 teve alterações introduzidas pela Lei 13.428/2017.

fazendárias encarregadas de implantar o Regime Especial. Tais discussões tiveram por origem as características básicas do RERCT, analisadas segundo o ponto de vista jurídico tributário. Nesse sentido, dúvidas foram suscitadas acerca dos efeitos subsequentes no plano da aplicação prática, especialmente no quadro daquelas contingências que poderão advir com os procedimentos de adesão. É certo que institutos como a anistia, a remissão, a denúncia espontânea e a suspensão da exigibilidade do crédito, entre outros, se bem coordenados, terão condições de explicar os desdobramentos da iniciativa no domínio da experiência. Todavia, eles não esgotam suas complexidades, sucedendo outro tanto com aspectos da legislação que prescrevem as consequências cambiárias e penais. Antes mesmo de redigir estas notas, tive notícias do ajuizamento de Ação Declaratória de Inconstitucionalidade contra vários dispositivos da Lei. Nada obstante, controvérsias interpretativas continuam alimentando as divergências sobre a própria extensão do conceito "atividade lícita", utilizado como requisito para o expediente da adesão. Pois bem. É preciso dizer que tais dificuldades repercutem na dinâmica de positivação, expandindo-se nas normas derivadas, como acontece com a Instrução Normativa RFB 1.627/2016, em face das diretrizes constitucionais explícitas (necessidade de observar o duplo grau de jurisdição nas instâncias administrativas e o procedimento previsto para a exclusão do regime) e implícitas (tais como o princípio da proteção à confiança).

11. Classificação fiscal

O direito positivo, na sua função prescritiva de condutas interpessoais, é uma linguagem eminentemente técnica, combinação do falar comum com a presença de termos específicos, próprios da comunicação jurídica, de tal modo que dominar-lhe o conteúdo significa lidar com sua tecnicidade, projetada no campo da convivência social. Agora, se pensarmos que a Ciência do Direito, na condição de metalinguagem, descreve, de maneira crítico-explicativa, o sistema das normas postas, utilizando classificações ordinatórias de seu objeto material, percebe-se que estamos diante de uma tecnicidade de segundo grau, com proposições específicas que permitem o transitar de nosso pensamento por toda a extensão do campo de interesse.

Tudo isso para dizer das dificuldades em dominar as classificações, elaboradas na forma organizacional de microssistemas, mediante as quais as doutrinas preparam as grandes convenções sobre o sistema harmonizado de designação e de codificação de mercadorias. E, a partir desta base, estipulando outros e outros subsistemas.

Quero ressaltar que o teor prescritivo com que a juridicidade "colore" os tópicos da classificação não se restringe às posições, subposições, itens e subitens ali arrolados, mas também às regras de interpretação que – integrando o corpo de dispositivos da NCM – compõem o texto desse expediente classificatório, razão pela qual, trazidas para o direito positivo brasileiro, não mais orientam ou simplesmente descrevem os procedimentos para situar dado objeto em meio aos pontos da tabela. Ao contrário: com o timbre imperativo que a ordem jurídica lhe confere prescrevem como se deve interpretar a classificação, ordenando às autoridades competentes o modo pelo qual devem produzir os atos aduaneiros, para promover a subsunção dos vários objetos nas classes correspondentes.

Firmadas essas premissas, sobressai a conclusão de que as regras gerais de interpretação do SH, bem como as demais notas explicativas, acrescidas das disposições interpretativas da NCM, a despeito do tom descritivo que seus nomes sugerem, devem ser compreendidas como discurso prescritivo e integrante do direito posto, uma vez que a ele foram incorporadas pela adoção dessas classificações nas regras-matrizes dos tributos incidentes sobre a importação. Por desconhecer as normas que regem a NCM/SH,[2] o intérprete descuidado utiliza a nomenclatura para classificar sua mercadoria apenas pelo critério da similaridade e da classificação merceológica

2. Nomenclatura comum do Mercosul (NCM), que tem por base o Sistema Harmonizado (SH).

dos objetos, confiante no conhecimento de particularidades técnicas do produto, ao passo que esta ciência busca decompor a engenharia das mercadorias fabricadas ou comercializadas e as respectivas funcionalidades, utilidades e valores.

12. Tributação e comércio internacional

Quando se promove o isolamento de um sistema de normas e, dentro dele, de um subsistema qualquer, seja para simplesmente nominá-lo ou para desse objeto nos aproximar com ânimo cognoscente, a estratégia é circunscrever o conjunto de suas "regras necessárias", vale dizer, aquelas que na terminologia de Greorio Robles são chamadas "ônticas" e também as "procedimentais". Alguns setores do direito são mais férteis em disposições dessa natureza, como sucede com o âmbito da chamada "legislação aduaneira", onde é copioso o número de prescrições de caráter técnico. A prática de ações jurídicas, nesse domínio, requer procedimentos específicos, muitas vezes complexos e conhecidos apenas por iniciados.

A contingencialidade dos tributos aduaneiros, que se querem sempre instrumentos rápidos, objetivos, porém maleáveis, prontos para assumir configurações diversas diante dos mutantes interesses econômicos e políticos que entram em jogo no concerto das nações, sugere *corpus* de legislação com traços bem característicos, diferentes das modalidades convencionais de tributação. É sabido que os vários tributos, e não só os aduaneiros, operam debaixo de diretrizes comuns, podendo ser reconhecidos a despeito das condicionantes de espaço e de tempo em que utilizados. Porém, o assim falado grupo das exações sobre o comércio exterior forma segmento distinto, com valores até certo ponto diversos das estimativas gerais do sistema tributário e que se foram depositando, gradativamente, na história da convivência entre os povos civilizados.

A integração econômica entre os países passou a ser pressuposto da competitividade internacional, trazendo à sirga a mobilização dos capitais de investimento, canalizados aos diferentes setores produtivos, ao passo que os tributos, cumprindo, antes de mais nada, função extrafiscal, se transformaram no mais poderoso instrumento regulador desse intensivo relacionamento. Pois bem. Para falar de assunto assim carregado de tecnicismo, faz-se necessária uma linguagem apurada, com recursos terminológicos e expressionais que possam reproduzir a multiplicidade de aspectos de matéria tão delicada. Há institutos e conceitos que são como que privativos dessa ordem do conhecimento jurídico-tributário: trânsito aduaneiro, admissão temporária, *drawback*, entreposto aduaneiro, lojas francas, depósito especial alfandegado (DEA), depósito afiançado (DAF), depósito franco, depósito aduaneiro de distribuição (DAD), depósito aduaneiro certificado (DAC), entreposto aduaneiro internacional na zona franca de Manaus (Eisof), entreposto industrial, regime especial de entreposto industrial sob controle informatizado (Recof), exportação temporária, áreas de livre comércio, zonas de processamento de exportação (ZPE), REPETRO, REPEX, RECOM e vários outros termos que dão bem a dimensão do *quantum* de especificidade existente nessa área tão importante para as relações internacionais.

Ao mesmo tempo, é preciso dizer que são raros os livros sobre o assunto. Em face do artificialismo linguístico formado com a experiência econômica e comercial, gravadas inexoravelmente pela iniciativa tributária dos países em contato, as dificuldades se multiplicaram e o resultado foi o aparecimento de obras meramente técnicas, com pouca ou nenhuma tendência para a justificação teórica. Como armar essa terminologia, montando institutos e plexos normativos que se harmonizem no quadro de uma visão sistêmica mais abrangente e pretensiosa, foi empenho para o qual não se dispuseram os estudiosos, a despeito de tudo o que possa representar a operacionalização dos tributos sobre o comércio exterior, em termos de magnitude econômico-financeira.

13. Preço de transferência

Quantos problemas de interpretação têm envolvido os "preços de referência" com figuras como as presunções e as ficções, com os tratados e convenções internacionais, com a regra-matriz do IR e, numa perspectiva mais ampla, com a própria compreensão da fenomenologia da incidência tributária! Reconheçamos, por outro lado, o interesse que a matéria vem suscitando nas relações jurídicas internas e internacionais. Portanto, nada melhor do que a providência de deixar delimitado, com nitidez, o alcance semântico daqueles signos, condição mesma do bom rendimento e da precisão do escrito.

* * *

No Brasil, a norma de preços de transferência nada mais é do que ficção jurídica sobre a qual há ajuste entre os preços registrados em termos contábeis, efetivamente praticados pelas partes relacionadas, e aqueles que serão objeto de incidência, na composição do chamado "balanço fiscal", base de cálculo do imposto sobre a renda.

O estudo evolui para a conclusão inevitável de que se trata de norma inconstitucional, na medida em que tributa com base em ficção jurídica. A regra brasileira não reflete e não busca refletir sobre as condições de mercado, a fim de que haja manutenção de tais condições nas relações comerciais entre as partes envolvidas. Na verdade, o modelo brasileiro, por meio de fórmulas matemáticas, fixa lucratividades mínimas e dedutibilidades máximas para obter a apuração do imposto sobre a renda, o que representa apenas uma acomodação entre o lucro contábil e o lucro fiscal. O raciocínio desenvolvido pressupõe o entendimento de como a linguagem do direito tributário dialoga com a linguagem da contabilidade, considerando que são sistemas distintos que se conectam quando a linguagem do direito tributário, fazendo as vezes de metalinguagem, refere-se à linguagem da contabilidade, na condição de linguagem objeto, tomada como ponto de partida para o cálculo do que o sistema do direito entende como variação de patrimônio tributável pelo imposto sobre a renda.

É necessário lembrar que entre os pressupostos adotados, as normas relativas aos preços de transferência são tidas como aquelas que compõem o conjunto de proposições que prescrevem a forma de apuração do lucro das pessoas jurídicas.

Sua compreensão depende da análise da implantação, ainda que parcial, do IFRS e a separação e independência do direito tributário em relação à contabilidade, passando pelo nascimento e extinção do chamado "RTT – Regime Tributário de Transição", processo que culminou com a publicação da Lei 12.973, em 2014, marco importante para a história da experiência jurídica brasileira e relevantíssimo no horizonte profissional dos interessados.

PARTE 4
PROCESSO TRIBUTÁRIO

1. Temas relacionados à teoria geral do processo

Entre o plano da realidade social e a linguagem do direito positivo há, necessariamente, um descompasso cronológico: a regulação jurídica vem depois. Os eventos do "mundo da vida" vão ocorrendo na sua marcha inexorável e somente após, quando a consciência social se forma, surgem as correspondentes providências ordinatórias. É nessa sucessão temporal que o direito incide para disciplinar as condutas inter-humanas, organizando-as segundo seus modais: obrigatório (O), proibido (V) e permitido (P). Sabe-se também que o direito processual é aquele mais rente à vida, aplicado no momento mesmo em que a ordem jurídica se aproxima dos comportamentos intersubjetivos para regulá-los, como agudamente fez notar Pontes de Miranda. Ora, se assim deve ser, se o Direito existe para esse fim disciplinador, o processo é a entidade que dá movimento às suas estruturas, promovendo as ações e transformações que presidem as diretrizes de seu funcionamento como sistema. Diria mesmo que ao lado da Teoria das Provas, a Teoria do Processo cumpre papel decisivo, imprescindíveis à caracterização do direito como fenômeno, no seu particularíssimo modo de ser e de existir.

* * *

Seja o ordenamento do direito posto um sistema, como creio ser, ou um conjunto de enunciados linguísticos caoticamente oferecidos ao trabalho sistematizador do cientista (texto bruto do ordenamento), como outros pensam, a verdade é que sua composição interna abrange normas produzidas pelo Legislativo, pelo Judiciário, pela Administração Pública e, profusamente, pelo chamado Poder Privado. Essas regras se articulam mediante vínculos de hierarquia pois, tratando-se de objetos da cultura, o componente axiológico estará presente de modo invariável e, ali onde houver valor, haverá, inevitavelmente, relações de coordenação e de subordinação, o que equivale a dizer, haverá laços de hierarquia.

Nesse discurso de cunho aprioristicamente prescritivo, encontraremos normas introdutoras e normas introduzidas, advindas, as primeiras, de processos de enunciação levados a efeito pela função intercalar dos seres humanos, exclusivos agentes credenciados a movimentar as estruturas do direito. A invariança (invariância) da forma enunciativa nos leva à homogeneidade lógica, ao passo que a inconstância dos conteúdos de significação nos conduz à heterogeneidade semântica e pragmática.

Um dos pontos de partida é a regra-matriz, com sua poderosa capacidade de encaminhar a análise do texto jurídico-positivo, abrindo espaço ordenado ao ingresso nas dimensões semânticas e pragmáticas da mensagem legislada. Esta é a base do construtivismo lógico-semântico proposto por Lourival Vilanova. A norma jurídica é uma construção de sentido, realizada pelo intérprete. As técnicas de interpretação da jurisprudência do Supremo Tribunal Federal, por exemplo, somente serão possíveis se mantivermos intacto o suporte físico da mensagem, alterando-se o conteúdo sem qualquer mutação no plano da literalidade textual.

O Poder Judiciário, quando edita regras no exercício de sua competência de controle de constitucionalidade, ingressa imediatamente em "cálculo normativo" com as outras unidades já integrantes desse universo prescritivo. Uma vez dentro, e como prova disso, passa a irradiar efeito vinculante e eficácia *erga omnes*.

Com o cálculo normativo, ingressa-se no plano lógico-sintático, sem abandonar as instâncias semânticas e pragmáticas da linguagem, tudo no intuito de manter a integridade comunicacional da decisão jurisdicional. No que diz respeito aos créditos tributários não constituídos e também aos constituídos, (introduzir a questão de (in)constitucionalidade) eventual liminar de inconstitucionalidade, em função do efeito vinculante e da eficácia *erga omnes*, terá o condão de suspender a contagem dos prazos de decadência e de prescrição, respectivamente. Da mesma forma, estão suspensos os prazos de decadência e de prescrição para o contribuinte repetir o indébito, enquanto durar os efeitos da liminar de constitucionalidade, com efeito vinculante e com eficácia *erga omnes*.

* * *

O projetar-se em direção à concrescência da vida, num processo crescente de criação de mensagens normativas é, por assim dizer, a fisionomia universal do direito. O dinamismo de positivação identifica o impulso próprio do fenômeno jurídico, pouco importando as contingências históricas em que ele se manifeste. Em qualquer momento do tempo, seja qual for o espaço social em que se verifique, a aplicação das normas gerais e abstratas às situações efetivas que se estabelecem entre as pessoas, depende do percurso derivativo da positivação, que se dá em nexos de coordenação e de subordinação, para compor a "forma das formas", isto é, o ser sistema.

Claro está que o estudo dessas estruturas comporta uma visão estática, mas está longe de afastar uma tomada funcional desse processo, que Kelsen chamou de "nomodinâmica". O direito em marcha, movendo-se para regular as relações intersubjetivas que se dão na instável convivência entre os indivíduos da sociedade, é o conteúdo rico e variável de uma opção cognoscente imprescindível no conhecimento dessa importante região do social.

O fio condutor da estratégia cognoscitiva está comprometido com dois postulados fundamentais: i) a incidência jurídica deve ser identificada com o ato de aplicação do direito; e ii) a relação jurídica materializa-se num enunciado linguístico, produzido por órgão competente.

Tratar de decisões judiciais é versar a respeito do direito posto, justamente aquele emanado do Estado-jurisdição, em sua esmagadora maioria representado por normas individuais e concretas ou individuais e abstratas.

2. Teoria da decisão judicial e o papel do julgador

O julgamento é um discurso particularíssimo, que expressa outro discurso, na medida em que fala sobre ele, sustentando-o, opondo-se aos seus fundamentos, modificando-o, acrescendo ou reduzindo a intensidade dos valores em que se apoia. Daí dizer-se, com José Luiz Fiorin, (*Argumentação*, editora Contexto, p. 29) "*Todos os discursos são argumentativos, pois são uma reação responsiva a outro discurso*". E o julgamento é um tecido argumentativo com estilo próprio, construído com recursos técnicos específicos, que as ciências linguísticas sabem muito bem distinguir.

Aquilo que se nota, desde o contato do primeiro instante, é a afirmação categórica da tradicional proposição ponteana: não há diferença entre a teoria e a prática; o que existe é o conhecimento do objeto: ou se conhece o objeto ou não se conhece o objeto. E transita, com naturalidade e vigor, entre os vários planos do saber jurídico, utilizando a linguagem técnica (do direito positivo), a teórica (própria do saber científico), a filosófica e a normal ou ordinária, sempre que o ensejo lhe cai a talho. Dosa bem essas porções de linguagem, entrosando-as para costurar seu discurso de maneira equilibrada e retoricamente forte. Demora-se em algumas proposições filosóficas, mas para superar questões científicas, ou dificuldades técnicas que o bom rendimento da mensagem exige. Seu escrito dista de ser excessivo, apesar de notar-se o esforço retórico dispendido na construção do texto. Agora, lida bem com a teoria dos valores, fazendo distinções semânticas que colaboram para a progressão do raciocínio, conduzindo-o de forma adequada. Afinal de contas, Alfredo Augusto Becker não exagerou ao proclamar que o *jurista é o semântico da linguagem do direito!*

* * *

Eis aí amostra eloquente de que não há distinção entre teoria e prática, entre ciência e experiência: ou se conhece ou não se conhece o objeto. No plano das vivências empíricas, somente podemos falar numa "boa prática" quando as proposições sejam sustentadas por uma teoria que a explique; ao mesmo tempo, nos domínios da teoria, apenas admitimos sua eficácia quando tenha condições de explicitar os fenômenos que ocorrem, apontando horizontes para a experiência. Enfim, os trabalhos produzidos pelos Juízes Federais, longe de se afastarem da prática judicante diária, aprofundaram-se no conhecimento do objeto com o qual trabalham – o direito positivo – nos seus mais diversos subdomínios.

Na vida do direito, é na plataforma das normas individuais e concretas que se sente o fenômeno jurídico mais rente à vida dos homens. É ali onde os comandos abandonam a frieza da conotação para ganhar a riqueza e espantosa complexidade que o real – em sua infinitude irrepetível de aspectos – pode oferecer. Nelas, os sujeitos têm nomes; os fatos, lugar e data; a prestação, expressão devidamente apurada e pormenorizada. É o direito impondo o timbre de sua prescritividade a uma sociedade que já não se faz presente nos vagos traços de abstratas hipóteses, mas nos firmes contornos de provas concretas. Comparecem aqui, além da teoria do sistema jurídico abstrato e da norma jurídica também abstrata, as fundantes categorias dos fatos jurídicos e das correspondentes relações jurídicas intranormativas, de modo que aqueles – os fatos jurídicos – sejam fortemente construídos de acordo com as provas que o próprio direito prescreve; e aquelas – as relações jurídicas – estabeleçam os inevitáveis vínculos que permitem ao ordenamento regular efetivamente as condutas inter-humanas.

Os trabalhos apresentados, ao lado das teorias do ordenamento jurídico, da norma e da incidência, dirigem-se com especial destaque à investigação do fato jurídico, quase que denunciando as dificuldades e limitações que se oferecem a todos que se dedicam à construção da "concretude e individualidade" ínsitas às normas judiciais. É na produção dos fatos jurídicos que o direito, por um lado, se reproduz; e, por outro, cumpre sua finalidade de regular comportamentos intersubjetivos, modalizando-os concretamente quanto à pessoa, tempo, lugar e procedimento. É em nome do fato, situado no antecedente das normas individuais e concretas, que o sujeito competente produz relações jurídicas particularizadas: condena ou absolve réus; prescreve o dever jurídico concreto de pagar o tributo ou de não pagá-lo. É precisamente com o acontecimento do fato que o sistema jurídico se movimenta, movendo também o macrossistema social.

Eis o campo em que, tendo de um lado a fluidez e constante mutação da vida em sociedade, do outro, a rigidez das estruturas normativas, o julgador se locomove e desempenha seu ofício. Trata-se de tarefa marcada pelo traço que garante à ordem jurídica sua unicidade: aquele comando que Kelsen chamou norma jurídica sancionatória, a marca da coercitividade cujo monopólio foi entregue ao Estado, mais precisamente, ao Estado-juiz.

Com efeito, o direito não existe para coincidir com a realidade social que se pretende regular, mas para sobre ela incidir. Por isso, é precisamente no desencontro das condutas dos homens com os arquétipos normativos que se abre espaço para o movimento jurídico.

Assim sucede porque no suposto da norma secundária está o descumprimento de uma conduta estipulada pela ordem jurídica, de tal modo que o trabalho judicial tem seu nascedouro justamente ali onde os homens parecem se afastar do direito. A decisão judicial é um chamado, contundente e soberano, em meio à tensão das expectativas frustradas, para que as conturbações ocorridas na vida dos homens não desfaçam a trama que mantêm uma sociedade unida. Dito de modo diferente, cabe ao juiz conduzir a sociedade de volta à trama estabelecida pelo direito.

Por outro lado, a proibição do *non liquet* sugere que, certas vezes, o caminho há de ser o inverso: a sociedade, experimentando seu incessante processo de mutação, não pode ficar à mercê de vazios jurídicos, devendo o julgador servir-se de expedientes como a analogia e a equidade para estender os padrões do direito às novas dimensões e anseios da coletividade, levando, agora, mais direito à sociedade.

O lugar ocupado pelo Juiz, no contínuo embate entre ordem e mudança, tradição e novidade, rotina e inovação, velho e novo, faz-se ponto decisivo em que essas forças sociais se agitam sob a tutela do Poder Judiciário. Tal espaço, porém, não o ocupa um indivíduo, mas toda a coletividade, que passa a ter no julgador um de seus órgãos. E exatamente porque não é o homem, mas a sociedade que, organificada, julga o critério para nortear as decisões. Não há de advir das preferências pessoais e de sua subjetividade, mas deve o magistrado buscar sempre a objetividade, ainda que, para isso, precise dessubjetivar-se. Tal como adverte o professor pernambucano Lourival Vilanova, o juiz necessita:

> Decidir não segundo um critério pessoal seu, mas segundo medidas objetivas, que não as pode desfazer, importa para o julgador em dessubjetivar-se, também, incorporando-se como membro da comunidade e órgão dela. O juiz, nesse aspecto, impessoaliza-se ao meramente cumprir o direito, como qualquer cidadão, e impessoaliza-se como órgão julgador da comunidade, pois, julgando, é a comunidade por meio dele, juiz, que ajuíza e sentencia.

Daí já se entrevê um dos maiores desafios ao julgador: evitar a confusão do critério jurídico com um critério estritamente pessoal, o que levaria as situações da vida em sociedade rumo ao turbilhão de um casuísmo desenfreado, culminando na ruptura desse tecido social.

Como importante expediente para não perder de vista essa distinção, evitando as armadilhas do singelo – porém perigoso – arbítrio, ao mesmo tempo em que se mantém a sensibilidade para os problemas trazidos pela sociedade aos seus cuidados, deve o julgador primar pelo aprimoramento das categorias epistemológicas e métodos para melhor lidar com o processo de interpretação dos signos jurídicos.

O aperfeiçoamento dessas ferramentas do conhecimento é tarefa que se impõe não apenas aos julgadores, mas a todos os membros da comunidade jurídica e, em especial, àqueles que enveredam pela senda do discurso científico. A precisão do texto, a lucidez das ideias, o rigor no argumento, a desambiguação e a elucidação dos termos, todos esses processos surgem como estratégias para a estabilização do sentido das mensagens legisladas e, ao mesmo tempo, instrumento para lidar, categoricamente, com um mundo em constante mutação.

Para isso, tem o método do Constructivismo Lógico-Semântico contribuído de modo relevante. Providência desse quilate, de cunho epistemológico, permite que a linguagem prescritiva do direito positivo, quer em nível de normas gerais e abstratas, quer no das individuais e concretas, assim também a descritiva, da Ciência do Direito, sejam vivamente potencializadas pela utilização dos instrumentos utilizados pela Semiótica para análise da linguagem, forçando as amarrações conceptuais lógico-semântico-pragmáticas por todos aqueles que tomam o direito positivo como objeto de conhecimento, seja para realizar incidências (agentes competentes), seja para emitir proposições descritivas (cientistas dogmáticos do direito).

3. A positivação do direito e a produção de normas individuais e concretas pelo Poder Judiciário

A nomodinâmica do direito nos leva, de imediato, ao estudo dos mecanismos de positivação, mediante os quais as normas gerais e abstratas se projetam sobre o território das condutas intersubjetivas, organizando-as deonticamente, tudo para realizar o conteúdo dos valores que uma sociedade, historicamente dada, pretende implantar. Percorrer o caminho da positivação das normas é, em última análise, surpreender a atividade realizadora do direito. E o sistema jurídico normativo existe justamente para incidir nas relações sociais de interpessoais.

O cientista que se coloca diante do direito em posição cognoscente, para dizer como ele, sistema, é, independentemente de suas convicções político-ideológicas, despojado da pretensão de emitir juízos de valor sobre as regras com que se depara, vale dizer, em atitude dogmática (Ciência do Direito e sentido estrito), vê-se na contingência de promover um corte metodológico que ponha entre parênteses os atos de vontade dos quais emanam os preceitos. Afinal de contas, o dever é indissociável do querer. Impossível cogitar do deôntico, em qualquer de seus modais (O, P ou V), sem a manifestação volitiva que o injete no sistema. Mas a postura descritiva sobre o conjunto normativo – tendo em vista a preservação do objeto em sua unidade e uniformidade estruturais – reclama esse expediente epistemológico, para evitar o envolvimento do cientista com problemas de outra ordem, atinentes a relações psicológicas, históricas, antropológicas, etc. Não nos esqueçamos de que a camada linguística do direito está imersa na complexidade do tecido social, cortada apenas para efeito de aproximação cognoscitiva.

De todo modo, as normas gerais e abstratas chegam à região material das condutas inter-humanas mediante a expedição de normas individuais e concretas ou individuais e abstratas. Daí porque Pontes de Miranda tanto enalteceu o direito processual, como aquela porção do ordenamento que está mais rente à vida. Ocupa-se do fenômeno jurídico precisamente quando o direito está sendo aplicado pelos órgãos do Poder que detém o monopólio da jurisdição – o Judiciário.

Tenho insistido num tema de grande relevância: o aprofundar do conhecimento, em qualquer de seus domínios reivindica, por parte do estudioso, o recuo de alguns passos, para que tenha a possibilidade de aproximar-se do objeto empregando os instrumentos adequados à sua descritividade. E esse recuo nada mais representa do que uma tomada de posição perante o campo empírico de seu interesse, provocando reflexões e tomando consciência das dificuldades que irá enfrentar no desenvolvimento de sua iniciativa.

Ora, tais meditações se inscrevem nos quadros da Filosofia da Ciência, afigurando-se imprescindíveis ao aperfeiçoamento teórico.

Dessa consideração decorre a simpatia que nutro pelas obras de introdução. Quem se propõe tratar de um assunto qualquer, com propósitos de magnitude, imprimindo-lhe assomos de cientificidade, não pode passar por alto no que concerne a temas vestibulares, que introduzam o raciocínio no âmago da matéria a ser examinada. É na introdução que ajeitamos as palavras do discurso à nitidez do pensamento; é de lá que planejamos a excursão teorética; é de lá, também, que antevemos os limites, as dificuldades e o próprio rendimento que o trabalho eventualmente possa ter.

É curioso observar que o desafio da introdução é para iniciados. Quase sempre os autores que se entregam a esse objetivo já percorrerem o campo da especulação e transitaram pela extensão do objeto, travando contato com os conceitos gerais, obtidos como se sabe, pelo processo indutivo, de quem recolheu, cuidadosamente, as peculiaridades dos casos protocolares.

Na introdução existem três níveis de elaboração: i) filosófico, porque introdução é epistemologia e esta é uma parte da Filosofia; ii) generalizador, porque a teoria geral é sempre ponto de intersecção, o lugar comum das unidades do conjunto; iii) e, por fim, empírico, uma vez que ninguém faz teoria geral sem frequentar a concreção dos fatos, sem passar, atentamente, pela multiplicidade dos fenômenos que examina, no caso, as normas e os feixes de normas que compõem o direito processual civil.

Não é fácil atingir a inteireza das unidades prescritivas, no emaranhado imenso dos enunciados positivados. Para a obtenção do dever-ser jurídico temos que empreender uma reescritura em linguagem abstrata, reduzindo a pluralidade morfologicamente dada de expressões do direito positivo, a um espaço comum, na forma de estrutura lógica, mas pronta para receber os conteúdos de significação do produto legislado.

4. A coisa julgada em matéria tributária

É preciso dizer, enfaticamente: o desrespeito à coisa julgada não pode ser admitido sob pretexto algum. Mexe com a estabilidade das relações jurídicas, prerrogativa inafastável de sistema que tenha um *quantum* de coerência interna e que pretenda atuar, também, com aquele mínimo de eficácia que a ordem normativa há de ter para ser reconhecida como tal. Desatender à coisa julgada é, em última análise, quebrar a hierarquia do ordenamento, porque investe contra a primazia do Judiciário para dizer do direito ao caso concreto; é transgredir o princípio da exclusividade da jurisdição, conduta que desarticula o sistema, comprometendo a função reguladora que o direito se propõe cumprir com o fito de implantar os valores que a sociedade quer ver realizados.

5. A modificação da jurisprudência e a necessidade de se resguardar a segurança jurídica

A oscilação das manifestações jurisprudenciais e o caminho estratégico da modulação dos efeitos são assuntos debatidos em todos os níveis da comunidade jurídica. Os tribunais superiores se encontram premidos diante de opção difícil, qual seja, a de realizar os valores que a Constituição prevê, expressa ou implicitamente, ao mesmo tempo em que não podem permanecer alheios às evidentes mudanças de uma sociedade que se transforma a cada passo, com imensa riqueza de configurações que desconcertam o mais atento e bem informado observador.

O sistema jurídico que aí está foi forjado na prática das nossas instituições; nasceu e cresceu entre as alternâncias de uma história política agitada, irrequieta, no meio de incertezas econômicas internas e externas. Sua fisionomia é a do Brasil dos nossos tempos, com as dificuldades, limitações, mas também com suas grandezas e, para que não dizer, com a surpreendente vitalidade de um país jovem, que marca, incisivamente, sua presença no concerto das nações. É preciso temperar os mandamentos constitucionais ao palpitante desempenho dessa sociedade que muda sob o influxo de novos valores. O desafio é significativo e não há espaço para meditações demoradas sob pena de aumentar o descompasso entre a regulação jurídico-normativa e o plano das condutas interpessoais.

Ao mesmo tempo, nada há contra alterações no modo de interpretar e compreender o direito posto. Pelo contrário, as mudanças de opinião são plenamente justificadas num mundo em que as informações crescem vertiginosamente, entrando em regime de complexas interseções. Aliás, no turbulento meio social em que vivemos, difícil é manter inalteradas as posições tomadas, como se tudo permanecesse estável. Aliás, já assinalava Rui Barbosa, ao tempo da Réplica e lembrando a personagem de Braz Cubas, que *cada estação da vida é uma edição que corrige a anterior*. O que postula, como algo inaceitável, é que as variações de entendimento porventura ocorrentes venham em detrimento daqueles que tratavam contato com o emissor da mensagem, acatando-a como legítima, em qualquer situação comunicacional que possamos tomar como exemplo. Impõe-se, como regra ética, que a opinião seja mantida pelo menos até o momento de sua alteração. Acolhe-se, portanto, a franca liberdade de mudar os pontos de vista, no contexto da comunicação, salvaguardado o direito do destinatário de ver respeitada a orientação de sua conduta durante o intervalo entre as duas mensagens de conteúdos contraditórios ou contrários. É o mínimo que se espera das interações sociais de qualquer nível, em especial daquelas que vêm com o timbre da autoridade do Poder Judiciário.

De ver está que os Tribunais Superiores foram investidos pela Constituição da República da competência para uniformizar a interpretação da Constituição Federal (STF) e da lei federal (STJ) em toda a extensão do território brasileiro. As manifestações que profere em tom de súmula tornam-se diretrizes decisórias para os tribunais hierarquicamente inferiores, ao mesmo tempo em que a sociedade as acolhe como expressão eloquente do direito que há de ser cumprido no plano das relações inter-humanas. Além disso, a construção dos conteúdos sumulares se faz gradativamente, pela reiteração de julgamentos acumulados nos horizontes da mais legítima experiência jurídica. É a consolidação do trabalho judicante, produzindo o direito vivo, testado e compassadamente aplicado na composição de litígios sobre certos e determinados objetos do comportamento social.

Ao exercitar a prerrogativa, esses tribunais põem em prática as funções de: (i) *estabilizar o sistema*, especificando o fato e a conduta regrados pela norma; (ii) realizar a *segurança jurídica*, instaurando como previsível o conteúdo da coatividade normativa; (iii) promover a *orientação jurisprudencial*, para indicar a referida compreensão aos tribunais judiciários de inferior hierarquia, bem como aos magistrados que viessem a prolatar decisões sobre a matéria, ou seja, estabilizando a jurisprudência segundo o diretriz que os Tribunais Superiores consolidaram; (iv) operar no sentido da *simplificação da atividade processual*, pois ao julgar de idêntica forma os casos semelhantes, acelera o processo decisório e garante a igualdade na prestação jurisdicional, além de reduzir, sensivelmente, o volume de processos existentes a respeito daquele objeto; e, por fim a (v) *previsibilidade decisória*, porquanto em decorrência da uniformização dos julgados, alimenta-se a expectativa dos destinatários quanto ao desfecho das causas, tornando previsíveis os resultados.

Agora, não se pode deixar de perceber que a modificação no posicionamento jurisprudencial tem tudo para causar consequências gravosas para toda a extensão dos setores abrangidos. É precisamente neste ponto que se acomoda o anseio pela *modulação dos efeitos* da decisão a ser proferida pelo Judiciário, *imprimindo caráter prospectivo à sua eficácia*. É bem verdade que esse *modus* de julgar tem sido cogitado preponderantemente para situações jurídicas que envolvam o controle concentrado de constitucionalidade. Todavia a concepção diacrônica da atividade de produção de normas pelo Poder Judicante, naquele cenário de nomodinâmica a que Kelsen tão bem referiu, autoriza plenamente a iniciativa exegética, pois encontra respaldo em valores fundamentais e efetivos do sistema jurídico nacional.

Com efeito, não é mero jogo de palavras ou emprego oportuno de expedientes retóricos convenientes ao interesse da parte que postula a prestação jurisdicional do Estado. Trata-se de algo sobre o que fala insistentemente o direito positivo, de maneira expressa ou na implicitude de seus enunciados, e acerca da qual a doutrina se manifesta com vigor e entusiasmo, suscitando até alguns excessos considerados abusivos por outorgar ao discurso jurídico assomos de politização. Claro está, porém, que a insistência no invocar valores, a estratégia de utilizar, acima do nível recomendável, estimativas que a ordem jurídica prevê, não pode ir ao ponto de anular esses postulados que anunciam as preferências básicas da sociedade brasileira.

* * *

A comunidade jurídica nacional acolhe, com entusiasmo, a regra geral da irretroatividade das leis, em matéria tributária, mas reage, timidamente, quando se trata de decisões do Poder Judiciário em que diretrizes anteriores são substituídas por nova compreensão, muitas vezes em antagonismo frontal com as primeiras. A dissonância tem suas explicações. A que me parece de maior importância é a concepção equivocada de que o direito positivo seja composto apenas pelas manifestações do Poder Legislativo. Tudo mais seria aplicação das normas produzidas pelo Parlamento. Em outras palavras, existiria o plano das leis e os atos infralegais cumpririam o papel de providências meramente derivadas daqueles comandos superiores, gerais e abstratos, acomodando-os às contingências da realidade concreta das condutas intersubjetivas.

O preconceito é insustentável. Nas correntes de positivação ou de determinação do direito posto, com fundamento último de validade no Texto Supremo, existem normas gerais e abstratas, gerais e concretas, individuais e abstratas e individuais e concretas, advindas de quatro fontes bem caracterizadas como focos ejetores de regras jurídicas: a) o Poder Legislativo, em que predominam normas gerais e abstratas; b) o Poder Judiciário, de onde promanam, preponderantemente, normas individuais e concretas; c) o Poder Executivo, fonte de gerais e abstratas, individuais e concretas, individuais e abstratas e gerais e concretas; e d) o Setor Privado (para não falar em "Poder"), responsável pela quantidade mais significativa de unidades para a formação do sistema e abrangendo, além das gerais e concretas, as individuais e concretas e as individuais e abstratas. Fique claro que a disposição desses preceitos obedece ao escalonamento hierárquico que a Constituição da República minuciosamente tece.

Ora bem. Aquilo que pretendo enfatizar é que a força do cânone da irretroatividade não teria por que aplicar-se tão só às produções do Poder Legislativo, deixando de irradiar seus efeitos, com a mesma força axiológica, nos quatro domínios de criação do direito. Ora, em função desse raciocínio, tornar-se-ia impossível sustentar sua influência apenas na amplitude do Legislativo, ainda que no escalão hierárquico do sistema seja preeminente com relação aos demais, respeitado o comando superior da tripartição dos Poderes.

6. Os procedimentos administrativos tributários

A linha de pensamento do constructivismo lógico-semântico, de corte hermenêutico-analítico, vem produzindo frutos da melhor qualidade nos domínios do Direito Tributário, a despeito de todas as complexidades atinentes ao crescimento significativo dos deveres instrumentais ou formais, que Ferreiro Lapatza chama de "privatização da gestão tributária". Nesse universo tão delicado, em que valores fundamentais do ser humano estão diretamente envolvidos com os elevados interesses do Estado-administração, incumbido de dar sentido de objetividade aos anseios do bem comum, a elucidação de fatores duvidosos torna-se imperativo inarredável, seja para o contribuinte que pretende cumprir a obrigação do tributo, seja para o próprio órgão encarregado da gestão administrativa de fiscalizar e arrecadar o gravame.

A boa acolhida das mensagens normativas, quer as editadas pelo Poder Legislativo, onde se demoram, em profusão, as regras gerais e abstratas, quer as geradas pelo Poder Executivo, como aquelas que advêm do Judiciário e, também, porque não dizer, todas as que a lei atribui à iniciativa do setor privado, torna-se um desafio constante a quem se propõe, por qualquer motivo, interpretar, para compreender, o sistema tributário nacional.

Ora, já que é inevitável o crescimento da normatividade, em todos os segmentos da vida social, traço característico da hipercomplexidade das sociedades pós-modernas, o mínimo que se pode esperar é o expressivo esforço dos aplicadores da lei para manter as bases racionais do sistema e enfrentar as contingências desse aumento com instrumentos eficazes de ação. Um deles, de enorme relevância, é o procedimento de consulta.

A propósito, ocorre-me a lição de Gregorio Robles, segundo a qual as ações juridicamente reguladas podem ser objeto de análise sob a perspectiva de norma, de procedimento ou de ato, conforme o interesse do agente do conhecimento. Com efeito, há normas sobre a consulta, instituindo o procedimento que, por sua vez, vai gerar o ato. Dito de maneira mais explícita, a consulta, enquanto instituto do direito tributário positivo, pode ser examinada no contexto das normas que a estabelecem, mas seguem um rito procedimental consoante os pressupostos que o legislador prescreve, e, finalmente, se apresenta na forma de ato, com a contextura e os efeitos que lhe são atribuídos. Tudo isso é "consulta".

Aproveito para inserir essa observação pensando no "lançamento tributário" e em todas as discussões a que deu ensejo, com a disputa acirrada sobre a "natureza" da entidade que, para alguns, se oferecia como sequência procedimental, composta pela combinação de atos e termos preordenados à consecução de um fim, ao passo que, para outros, nada mais representava que um ato jurídico, suscetível, portanto, de ser estudado à luz da secular teoria dos atos administrativos. Não imaginemos, porém, que o debate tenha perdido espaço no terreno científico, na medida em que não há ato sem procedimento e não há procedimento sem norma que lhe especifique os requisitos. Pelo contrário, devemos estar atentos para as distinções entre ação genérica e ação concreta; procedimento genérico e procedimento concreto. Empregamos o substantivo para fazer referência ao ato ou ação e o verbo para mencionar o procedimento ou, em outros termos, firmar a proporção segundo a qual o ato está para o substantivo, assim como o procedimento está para o verbo. A dualidade de tratamento presta-se igualmente para assinalar o caráter estático e o dinâmico da entidade a que aludimos. Neste ponto, estou bem afinado com Robles, para quem o procedimento não é outra coisa que a regra ou norma prescritora daquilo que o sujeito tem que fazer para realizar uma ação, ou praticar um ato (em seu sentido estático), o que implica reconhecer que todo procedimento se expressa verbalmente por meio de uma regra ou norma que institui os tópicos necessários à concretização do ato. Esse ter que exprime a presença da chamada regra técnica, tão utilizada na compostura do tecido linguístico do direito posto.

7. Presunções e processo probatório

A iniciativa, porém, é eficaz e o Direito, com sua autoridade, empreende as incisões que irão demarcar seus domínios, dispensando os laços de causalidade natural ou social, ao cingir-se, unicamente, ao liame que ele mesmo cria, atrelando o fato presuntivo ao fato presumido. Eis o momento em que a regulação jurídica aparece na sua máxima expressão prescritiva, afirmando a vocação de supremacia em face do universo das condutas reguladas, atento apenas às limitações lógicas do discurso deôntico. É nesse intervalo que o legislador mexe com o tempo, com o espaço, com as pessoas, as situações e as coisas, construindo a disciplina dos comportamentos humanos nas relações de intersubjetividade, seu grande e inafastável objetivo. Ora, ao exprimir essa proposição, quero deixar consignado que considero a matéria das presunções como algo que se aloja em pleno campo da epistemologia jurídica. Cada texto deve começar de um ponto e terminar noutro. Pois bem, fazendo valer a força e o império de sua vontade, o legislador, aquele mesmo poeta que cria, recria e transforma os horizontes do jurídico, instaura ou corta, interrompe e retoma abruptamente seu discurso, na firme determinação de organizar aquilo que lhe parece ser o convívio social. Anuncia que, verificado o fato presuntivo (F^1), considera-se ocorrido o fato presumido (F^2), com uma naturalidade que impressiona. Nesse instante, pouco lhe importa o "mundo da vida". Não lhe interessa saber se no plano da realidade tangível isso é possível ou não: segue a marcha de sua obra completamente alheio a essas conjecturas. Por vezes, inaugura a mensagem com qualificações que discrepam flagrantemente do real, estipulando, por exemplo, que a ninguém seja lícito alegar a ignorância da lei, como se todos lessem os atos normativos, entre eles os analfabetos! São regras que firmam pressupostos, regras ônticas segundo as categorias de Gregorio Robles. Caso se mantivesse envolvido com a concrescência da vida social, não poderia aspirar ao fim de ordená-la, disciplinando os comportamentos interpessoais. Daí porque as ficções e as presunções tenham o condão de exibir o Direito assim como ele é.

Sendo, como é, unidade jurídica de significação pertinente ao sistema, exige que o sujeito enunciativo seja autoridade competente para positivar a medida. Reitera também, para a presunção, o traço de verdadeiro entinema ou silogismo truncado, mas que, ao ingressar no ordenamento adquire a força suficiente para qualificar as ocorrências factuais que o legislador entendeu por bem presumir. Releva, portanto, a condição de processo lógico para as presunções, de tal modo que a comprovação jurídica do fato presuntivo será o bastante para que se dê por ocorrido o fato presumido. As normas do processo probatório continuam a aplicar-se integralmente, voltadas tão só para a certificação do fato presuntivo. É nessa sequência que o expediente jurídico-positivo cumpre sua missão, atalhando situações embaraçosas que, certamente, gerariam perplexidades para o funcionamento do sistema.

PARTE 5

SOBRE O PENSAMENTO DE OUTROS AUTORES

1. O pensamento de Alfredo Augusto Becker

No dia 20 de junho do ano de 1992, morreu Alfredo Augusto Becker, em Porto Alegre, cidade onde nasceu. Foi advogado, escritor, poeta e, num mundo em que as pessoas buscam conquistar o bom êxito e a admiração social, procurou amigos e compreensão, encontrando alguns e também a lua, como assinalou em seu último livro.

Aos 34 anos de idade, deu à edição a *Teoria Geral do Direito Tributário*, que começara a escrever quando percebeu, segundo ele, "sua ignorância" na especialidade a que se dedicava, e que não poderia ser suprida por qualquer outra obra sobre aquele assunto. É que os autores, de modo geral, estavam mais no tributário e menos no Direito.

Dirigiu seus esforços, então, no sentido de compor uma Teoria Geral do Direito voltada aos domínios do tributo. Este livro, escrito com aquilo que costumava chamar de paixão argentina, sacudiu a comunidade dos juristas a tal ponto, que chegou a provocar profundo e demorado silêncio. Durante alguns anos, o autor esperou, com ansiedade, uma crítica que não veio: todos ficaram emudecidos. A obra havia abalado as estruturas do universo tributário brasileiro e, surdamente, tomava um rumo que nem ele previu. Mas a omissão do meio jurídico se justificava: o impacto fora muito forte e trincara seus alicerces. Não havia como responder, sem que isso implicasse a possibilidade imediata de expressivo reconhecimento.

De fato, o advogado gaúcho empregara uma linguagem tão vigorosa quão inusitada em escritos jurídicos: manicômio jurídico-tributário, efeitos da demência, diagnóstico da demência e terapêutica, sistema dos fundamentos óbvios.

Transcorrido algum tempo, Alfredo Augusto perdeu a paciência e rompeu energicamente com a Ciência do Direito Tributário, passando a tratar a matéria apenas em termos profissionais.

Como que por ironia, foi o momento em que começaram a surgir os prodigiosos frutos de tudo quanto plantara: José Souto Maior Borges, em Pernambuco, faz publicar *Isenções Tributárias*, clássico e consistente libelo contra a doutrina da isenção como dispensa do pagamento do imposto devido. O pensamento de Becker é algo constante e interativo nesta obra de Souto, como, de resto, será em seus trabalhos futuros. Também Geraldo Ataliba, com seu *Hipótese de Incidência Tributária*, exibe a decisiva influência daquele autor, recolhendo nele a distinção entre a descrição abstrata do fato (hipótese de incidência) e o próprio evento, ocorrido em determinadas condições espaço-temporais (fato imponível). O meu *Teoria da Norma Tributária*, publicado em 1974, traz a marca indelével das lições de Becker, e o *Prescrição e Decadência no Direito Tributário*, de 1977, reafirma e consolida seu inevitável influxo.

Mas a expansão das ideias de Alfredo Augusto Becker não parou por aí. No início da década de 70, a PUC-SP iniciava seus famosos cursos de especialização em Direito Tributário e a difusão dos ensinamentos contidos na *Teoria Geral do Direito Tributário* foi impressionante. É desse tempo a formação da linha dogmática que ficou conhecida como escola malcomportada do Direito Tributário, de conotação indisfarçavelmente beckiana.

Não menos significativa foi, também, a repercussão do capítulo Sistema dos Fundamentos Óbvios. A análise empírica de proposições como o fato gerador é um fato jurídico de conteúdo econômico ou é um fato econômico de relevância jurídica deixava descoberta sua fragilidade semântica, desintegrando-se ao ensejo da mais singela verificação. Estava iniciado o caminho para a revisão crítica das construções jurídico-tributárias. Becker conseguira, em boa parte, reeducar a atitude mental jurídica, provocando uma verdadeira revolução nesse setor do Direito. E tal impacto não se deu somente entre estudiosos brasileiros. Suas concepções foram apreciadas para lá de nossas fronteiras. Eros Roberto Grau encontra-se com Dino Jarach, em viagem de navio para a Europa, e eis que o notável representante da Escola de Pavia, o mais célebre discípulo de Benvenuto Griziotti, lia, atentamente, cheio de curiosidade, a produção do advogado brasileiro.

Aliás, tive a oportunidade de ouvi-lo a respeito, em visita a seu escritório em Buenos Aires, quando o jurista italiano me afirmava ser, ressalvadas as divergências, o livro mais inteligente que havia lido sobre a matéria, nos últimos tempos.

A obra de Alfredo Augusto Becker, todavia, só será adequadamente compreendida se fizermos pousar nossa atenção no seu particularíssimo modo de ser. Alfredo Augusto firmou um compromisso solene com a própria existência; mais do que isso, celebrou e cumpriu esse compromisso, até o último dia de sua vida, com extraordinária coerência. Ao contemplar os espaços infinitos, para refletir livremente sobre a vida e sobre a morte, questionou tudo, numa busca atormentada dos caminhos que imaginava serem os mais legítimos para o ser humano. Nesse sentido, foi filósofo e entendeu bem, como seu autor predileto – Albert Camus, que a missão do filósofo não é fazer a história, mas sofrê-la. E, se a dignidade humana está indissociavelmente ligada à reflexão do homem sobre seu papel no mundo, pode-se dizer que Becker a exerceu intensamente, fazendo-o em níveis muito acima dos normais.

Aqueles que o conheceram mais de perto, e entre eles estão Tereza e José Souto Maior Borges, sabem com que firmeza tomava decisões pessoais importantes, sem delas jamais arredar o pé. Foi convidado a tudo no campo do Direito Tributário. Nada aceitou, para manter-se em absoluta harmonia com os valores que cuidadosamente elegera. Isso explica o incontido entusiasmo com que se entregava à realização desses valores; e explica também o sentimento e a emoção que se desprendem de seus trabalhos. Quando indaguei sobre o que sentira ao escrever determinado capítulo do *Teoria Geral do Direito Tributário*, respondeu-me prontamente: Paulo, escrevi esse texto com tanta emoção que, em alguns momentos, chegava a envergar a pena da caneta.

São considerações como essa que nos permitem ingressar um pouco na compreensão do trabalho deste autor tão expressivo e, à primeira vista, tão desconcertante. Sua inteligência sutil, sua vocação universal, sua erudição transbordante, seu conhecimento da música clássica, sua sensibilidade à flor da pele, a atenção especial que dispensava aos que lhe falavam; tudo se congrega num ser humano grandioso, que cresce, assustadoramente, à medida que dele nos aproximamos, e perante o qual sua obra jurídica, ainda que sumamente séria, profunda e original, começa a esmaecer-se, perdendo espaço para o homem íntegro, sincero, verdadeiro. Alguém que enfrentou a existência de frente, mantendo suas convicções com inusitada energia. Se todo ser é feliz, como proclamou Ortega Y Gasset, quando cumpre seu destino, quando segue a pendente de sua inclinação, quando se realiza, quando está sendo o que realmente é, então Alfredo Augusto Becker viveu e foi feliz.

2. As ideias de Lourival Vilanova

A influência do pensamento de Lourival Vilanova na Faculdade de Direito da Pontifícia Universidade Católica de São Paulo, principalmente na área do direito público, tem sido enorme nos últimos vinte e cinco anos. Sua obra repercutiu intensamente, sendo objeto de contínuas e maturadas reflexões, desde logo manifestadas com muita força e expressividade, no trabalho profissional de professores e de alunos.

Tudo começou com a feliz iniciativa de Geraldo Ataliba, convidando o grande jusfilósofo pernambucano, com quem mantinha boas relações de amizade, a ministrar curso em São Paulo, dirigido a um grupo seleto de professores da PUC. Os frutos não demoraram, e em 1977 sai à luz o volume *"As Estruturas Lógicas e o Sistema do Direito Positivo"*, desenvolvido a partir de anotações utilizadas naquele seminário, como, aliás, nos dá conta o saudoso Ataliba, no prefácio do livro em boa hora editado pela Revista dos Tribunais.

Tive a satisfação de integrar a pequena comunidade de professores que acompanharam as lições de Lourival Vilanova, naqueles memoráveis encontros, guardados hoje com um agradável sabor histórico. Como todos os demais, vibrei com a profundidade alcançada por seu raciocínio, com a contundente precisão de sua linguagem, mas, fundamentalmente, com a grande seriedade que imprimia ao trato do fenômeno jurídico. Tudo isso, que nos pareceu apresentado de forma inusitada, surpreendeu a todos, deixando-os vivamente impressionados.

Assim que o livro entrou em circulação, passei a lê-lo, como quem estuda, percorrendo suas páginas do começo ao fim. E renovei a leitura, mais de uma vez, reiterando, a cada passo, novas e edificantes ilações. Contudo, foi somente em 1986 que me ocorreu a ideia de fundar um grupo de estudos para, em conjunto com outros interessados, repensar a obra do eminente professor. De lá para cá, ao lado de outros trabalhos também de sua autoria, não paramos de ler, refletir, discutir e testar, em situações que a prática jurídica diuturnamente suscita, as magníficas edificações do seu espírito jurídico-filosófico. Há trinta e três anos, portanto, nos dedicamos a esse fecundo exercício intelectual, com turmas diferentes, porém sempre animadas pela curiosidade de conhecer, cada vez com maior intensidade, a concepção jurídica do grande professor.

Do início ao fim, (o leitor) Lourival permanece em contato com uma postura circunspecta, séria, de quem se propôs um relato desvinculado de qualquer outro interesse que não seja aquele de expor, de maneira neutra e imparcial, o fenômeno que examina. O poder de convencimento de sua linguagem funda-se na capacidade retórica do autor, se bem que essa retórica diste de ser a convencional, povoada de adjetivos e advérbios, usados mais como atavios e adereços do que como instrumento para se obter a transmissão cristalina do pensamento, retórica que assumiu, por isso mesmo, um sentido até pejorativo. Pelo contrário, seus torneios de linguagem são enxutos, com a economia de palavras que a racionalidade recomenda para a transmissão límpida da mensagem. Servindo-se, muitas vezes, de frases curtas, faz o pensamento parar abruptamente, de tal modo que o leitor, colhido de surpresa, suspende o fluxo do raciocínio, vendo-se forçado a meditar no conteúdo do que foi dito logo atrás. Além disso, faz uso dos "dois pontos", também com admiráveis efeitos retóricos, traço que revela suas insistentes incursões pela obra de Pontes de Miranda por ele tão bem conhecida.

De fato, na sequência de sua argumentação, não se preocupa em explicar o conteúdo semântico de certas expressões do discurso filosófico, passando por elas com naturalidade, em marcha batida, como se fossem velhas conhecidas. Nada obstante, como é do seu estilo tomar e retomar o pensamento, exibindo-o sempre por dois ou mais ângulos distintos, mesmo que a palavra não seja compreendida no primeiro momento, se-lo-á certamente nos regressos que o autor promove de modo iterativo. Essa técnica expositiva reflete a opção pelo aprofundamento teórico, que se tornaria impossível se o autor se detivesse para elucidar os teores de significação das palavras empregadas. Em situações como essa, bem o sabemos, o amor à didática compromete a progressão da atividade discursiva, amarrando-a a níveis de superficialidade que não combinariam, absolutamente, com os objetivos do grande pensador. Esse modo de expressar-se, todo seu, outorga dignidade aos temas de que se ocupa, e seu estilo sóbrio, sem estipêndios inúteis de erudição, faz com que a Filosofia e a Teoria Geral do Direito, na sua linguagem, cobrem uma firmeza e uma robustez que eu diria até incomuns. Como resultado, aparece um trabalho denso, profundo, consistente, mas substancialmente claro, vertido numa forma que não dá espaço a frases frouxas e descomprometidas. Pois bem. Essa forma, "o fundo aparecendo", que consulta antes à exação que o uso consagrado no meneio diário das instituições jurídicas, confere a esse jurisconsulto um instrumental poderoso para enfrentar questões de grande tomo, permitindo-lhe ingressar em assuntos decisivos, tomando posições sólidas e fundamentadas, sem perder-se nos desvãos da complexidade do sistema normativo.

O autor tem a brilhante qualidade de ofertar a seus leitores frases de grande valor estático que Vilanova logra obter partindo do polimento das ideias e da periferia concatenação dos juízos.

Mestre Lourival Vilanova é dotado de poderosa capacidade analítica. Em cada tópico, submete a matéria a um tratamento fino, minucioso extraindo, com a delicadeza de um cirurgião, aspectos que jamais seriam percebidos, não fora esse trabalho paciente em que os elementos da razão são tecidos, fio a fio, cuidadosamente, para conduzir o intelecto a conclusões sempre claras e objetivas. Não tenho a menor dúvida de que, diante dos modernos vultos da Filosofia e da Teoria Geral do Direito, ninguém lhe sobrepuja no rigor e na correção do pensamento.

Nisso se confirma a lição do mestre, que não me canso de repetir: o jurista é o ponto de intersecção entre a teoria e a prática, entre a ciência e a experiência.

Ser contemporâneo de um homem dessa envergadura portador de uma cultura jurídica universal e, ao mesmo tempo, tão rica e profunda, é uma honra para todos nós.

* * *

Versado nas lições do tempo, Lourival Vilanova, professor pernambucano, toma a hermenêutica como filosofia da finitude humana, certo de que o agente do conhecimento deve decantar o espírito do sedimento das paixões para estabelecer a harmonia possível entre sujeito e objeto. Suas preferências são nítidas, firmes e se manifestam ostensivamente, ainda que sem paroxismos de exaltação.

Algo que recende de suas linhas é o entusiasmo pelo conhecimento, o amor pela ciência, o respeito pela filosofia, transmitindo a mensagem segundo a qual quem está disposto vê ao longe, vê em ausência, vê no invisível e até no infinito vê. Tudo é viver, previvendo; existir, preexistindo; é ver, prevendo (Ruy), na concepção gadameriana que é tema iterativo no seu *"Sobre o Conceito de Direito"*.

Marco significativo para compreender a postura filosófica de Lourival Vilanova está no sentir a correspondência entre seu pendor analítico, forte, rigoroso, e sua formação culturalista, da Escola de Baden. Longe de procurar o sincretismo usual, retira o que há de melhor em cada uma das concepções, moldando-as a um esquema operativo em que a marca da fenomenologia husserliana é decisiva, como decisivas também foram as variações que a mente privilegiada do autor soube empreender para adaptar a tudo isso contribuições de outros pensadores ilustres.

No que se refere ao Direito, como ele mesmo já o declarou, suas matrizes estão em Husserl e Kelsen, com influências de Garcia Maynez, de um lado, e N. Bobbio, G. H. Von Wright, J. M. Bochénski, G. Kalinowski e Otta Weinberger, de outro. Da obra de Pontes, há traços no modo de expressar-se, além da grande admiração que sempre devotou à perspectiva dogmática do jurista alagoano. Uma das matérias, aliás, é justamente o inteiro teor da conferência "A Teoria do Direito em Pontes de Miranda", proferida em simpósio realizado em Roma, no ano de 1999.

Tenho para mim que "Notas para um ensaio sobre a cultura" e "Analítica do dever-ser" possam ser tidos como dois textos reveladores do eixo hermenêutico-analítico a que me referi, tendo em vista fixar critérios para a certificação dessas influências. No primeiro, a orientação pela cultura como dado inconfundível da trajetória existencial do homem, protagonista de sua própria história, como agente de seus caminhos, de sua vida, empregado o termo não simplesmente na acepção biológica, mas como suporte de significações, como construção da história, como civilização; no segundo, a dinâmica mental do espírito de quem pacientemente decompõe, desarticula, analisa, para avançar em direção ao objeto e explorá-lo com a máxima potencialidade. Sempre, é claro, no interior do universo do discurso, pois a palavra tomada como referência postula outras palavras que sobre ela discorram, de tal modo que se torna impossível romper esse domínio inesgotável de unidades linguísticas. É impressionante verificar de que maneira opera o raciocínio de quem se move em torno dessa síntese categorial ou método de ordenação da experiência, sem afastar-se do núcleo semântico escolhido, traçando figurações concêntricas que evoluem e voltam ao ponto de origem, num ir-e-vir que desenha feições simétricas e esteticamente bem proporcionadas.

A menção àqueles escritos há de ser considerada mera indicação de uma polaridade imanente ao modo de pensar de Lourival Vilanova, singelos exemplos de estratégias de movimentação do intelecto para apreender e devassar o objeto do conhecimento, e que persiste em toda a dimensão de seu trabalho. Trata-se apenas de um critério que pode nos orientar no reconhecimento da unidade subjacente, mais uma perspectiva para a apreciação crítica de seu riquíssimo pensamento. Outros momentos haverão, contudo, para deixar evidente a potência analítica de sua produção, como *"Universo das Formas Lógicas e o Direito"*, *"Teoria das Formas Sintáticas – Anotações à margem da teoria de Husserl"* e *"Lógica Jurídica"*. Diga-se o mesmo quanto ao aspecto culturalista já salientado. A cada instante, o autor recupera a circunstância do homem, contextualizando-o, para situá-lo no palco vivo de sua existência.

Lourival Vilanova se destaca pelo seu projeto semiótico bem concebido, em que os planos sintático, semântico e pragmático se encontram estrategicamente distribuídos, apesar da inegável prevalência do prisma lógico, por deliberação consciente do autor. Segue junto ao registro dessa preponderância a nota mediante a qual aquele jusfilósofo adverte, de modo veemente, acerca dos eventuais excessos no trato com o formal. Devemos ter presente que o ponto de partida do conhecimento é o mundo existencial e o regresso às formas lógicas é uma ascese temporária, uma renúncia momentânea, que suspende o interesse pelos objetos do mundo, interesse que renasce logo depois para dirigir-se com mais força aos dados da experiência. Desse modo, a visão lógica é necessariamente parcial e o discurso linguístico há de ser visto na sua inteireza constitutiva, vale dizer, na sua integridade comunicacional, suscetível sempre de análise nas três dimensões semióticas supramencionadas.

Do conjunto de suas elaborações jurídicas e filosóficas sai uma primorosa teoria das normas, bem-acabada em termos lógicos, discutida e esquematizada no nível semântico e com boas indicações para um desdobramento pragmático. Na verdade, a norma jurídica recebeu de Lourival Vilanova um tratamento privilegiado, que examina cuidadosamente sua estrutura interior (plano intranormativo), mas logo parte para a integração com outras unidades do sistema, o que implica ingressar no domínio das relações internormativas. E o reconhecimento dessas entidades transforma-se num instrumento poderoso de ação investigatória, permitindo vasculhar em quaisquer direções o hemisfério jurídico da conduta.

Certo dia, perguntando-lhe como conviria definir sua atitude jurídico-filosófica e o tipo de trabalho que vinha desenvolvendo, respondeu-me que poderíamos perfeitamente chamá-lo de "constructivismo". Não, segundo o modelo do "constructivismo ético", todavia, agregando ao nome o adjetivo composto "lógico-semântico", pois, afinal de contas, todo o empenho estaria voltado a cercar os termos do discurso, para outorgar-lhes a firmeza necessária (e possível, naturalmente), tendo em vista a coerência e o rigor da mensagem comunicativa. Isso não significa, porém, relegar o quadro das investigações pragmáticas a nível secundário. Expressa tão somente uma opção metodológica. Melhor seria até dizer que a proposta lógico-semântica aparece como contribuição para um estudo semiótico do discurso.

De outro lado, há um apontamento histórico importante para a comunidade jurídica paulista. Em 1973, o Professor Vilanova esteve em São Paulo para ministrar curso de Teoria Geral do Direito a docentes da PUC/SP, e os alunos, plateia selecionada, ficaram encantados com seu particularíssimo modo de expor ideias tão profundas e de aplicação prática tão pronta e imediata. Depois desse contato inicial e sensível aos apelos de Geraldo Ataliba e de Celso Antônio Bandeira de Mello, juristas a quem o professor pernambucano devotava especial apreço, voltou a ministrar palestras e conferências naquela Instituição, além das bancas examinadoras para as quais era insistentemente convidado pela Faculdade de Direito do Largo de São Francisco. Foi ganhando corpo, dessa maneira, a formação de um núcleo de intelectuais do Direito, decididamente preocupados em conferir suas afirmações com os fundamentos da Teoria Geral e, por que não dizer, com a consistência interior do discurso jurídico.

Desde os idos de 1986, instalou-se em São Paulo, sob minha coordenação, um "grupo de estudos" a propósito da obra e do pensamento de Lourival Vilanova. Nesses trinta e três anos anos de atividade ininterrupta, as edições comerciais de seus livros e os textos "inéditos" que ora se publicam foram objeto de intensas reflexões, originando-se um movimento no sentido de aplicar as lições do pensador aos vários setores da dogmática especializada, que repercute hoje nas páginas de centenas de livros, tanto de Direito Público como de Direito Privado, sem contar aqueles de Teoria Geral e de Filosofia do Direito.

José Souto Maior Borges, seu discípulo e amigo, costuma propagar que Lourival Vilanova, sem jamais ter escrito textos específicos sobre o Direito Tributário, é, nos dias de hoje, um dos mais citados autores daquele ramo do Direito Público. O depoimento dá bem a medida da influência do grande mestre no território das ciências jurídicas.